돈을 부르는 100가지 생각

생 각 의 틀 을 바 꾸 면 인 생 이 바 뀐 다

돈을 부르는 100가지 생각

나가마쓰 시게히사 지음 | 박연정 옮김

노력은 필요 없다,
바라보는 관점을 바꾸라

1년에 3천만 원 버는 사람과 10억 원 버는 사람. 단순히 숫자로 비교하면 33배 정도의 차이가 난다. 그럼 10억을 버는 사람은 3천만 원을 버는 사람보다 33배의 일을 하는 걸까?

아니다. 물리적으로 절대 불가능하다. 오히려 3천만 원을 버는 사람이 오랜 시간 동안 길게, 더구나 땀 흘려 열심히 일하는 경우가 더 많을지 모른다.

1년에 10억을 벌 수 있는 이유는,

10억을 버는 방법이 보이기 때문이다.

더구나 '1년에 10억이야 벌 수 있지'라는 생각을 지녔기 때문이다.

그런데 3천만 원을 버는 사람에게 "1년에 1억을 목표로 가져보죠"라고 제안하면 "1억이요?"라며 소스라치게 놀라거나 "아뇨, 힘들어요"라고 대답한다.

그 이유는

1억을 버는 방법이 안 보이기 때문이다.

더구나 '1년에 1억이라니 말도 안 된다'라고 단정해버리기 때문이다.

그렇다면 지금 잘 나가는 사람들은 처음부터 잘 풀려서 그렇게 된 걸까?

단언컨대 절대 아니다. 오히려 수많은 도전으로 남들보다 더 큰 실패를 겪었을 것이다. 그런데도 어째서 기죽지 않고 계속 도전을 이어나가는지, 보통 사람들로서는 이해가 안 된다.

"대단한 정신력을 가진 게 분명해."

"특별한 정신력의 소유자야."

이렇게들 말하지만 그렇게 특별한 능력을 가진 사람은 존재하지 않으며, 나는 그런 사람을 만나본 적도 없다. 누구나 마음의 생김새는 동일하다.

단 하나의 차이, 그것은 '그 사람이 어떤 관점으로 상황을 바라보는가', 즉 사고 방식의 차이만 존재할 뿐이다.

이 책은 무슨 일을 하든 잘 되며, 결과적으로 돈을 자신의 쪽으로 끌어당기는 사람들의 관점을 여러분에게 이식시키기 위해 탄생하였다.

필자는 음식점 경영, 집필, 출판 지원, 그리고 강연을 중심으로 한 인재 육성 회사를 경영하고 있다. 20년 이상 경영자 생활을 거치며 자랑할 수 있는 단 한 가지는 "잘 되는 사람은 어떤 식으로 상황을 인식하며 어떤 관점으로 그것을 바라보고 있는가"라는 연구를 지속해왔다는 사실이다.

그 속에서 많은 것을 배웠고, 그들의 공통점을 체계화하여 이제 여러분께 그 관점과 사고 방식을 전할 수 있게 되었다.

'저 사람은 남들보다 몇 배는 더 노력하는 게 분명해'

잘 되는 사람을 보며 대부분은 이렇게 믿어버린다. 하지만 그건 틀렸다.

앞서도 말했듯, 잘 되는 사람은 남보다 몇십 배의 노력을 하지 않는다. 많은 이가 상식이라는 틀 속에서 상황을 파악하고 생각할 때 그 틀을 뛰어넘는 부분, 즉 숨어 있는 본질을 간파하는 차이만이 존재한다.

숨어 있는 본질을 간파하고 그것을 실행에 옮김으로써 남들과는 다른 결과를 만들어낸다.

그들처럼 상황을 바라보는 방식, 즉 관점을 바꾸기만 해도 당신은 잘 될 수 있다. 마구잡이 노력은 필요 없다.

오히려 초점이 맞지 않는 상태에서 노력만 거듭한다면 성공과는 전혀 다른 방향으로 가버리기도 한다.

만일 당신이 그런 타입이라면 일단 현재의 노력을 잠시 멈추어야 한다. 그리고 관점 바꾸기에 초점을 맞춰야 한다.

이 책을 펼쳐서 얻게 되는 몇 가지 장점을 소개해보자.

- 애쓰지 않아도 잘 되는 사람의 사고 방식을 몸에 익히게 된다
- 쓸데없는 힘을 덜어내고 마음이 가벼워진다
- 과거에 잘 되었을 때와 잘 안 되었을 때의 차이와 그 이유를 알게 된다
- 지금보다 훨씬 인간관계가 쉬워진다
- '잘 되는 게 쉬운 일'이라는 사실을 알게 된다
- 미래에 대한 불안이 설렘으로 변한다

- 헛된 노력을 하지 않아도 해결되게 된다

- 스스로에게 자신감을 가질 수 있게 된다

이 책은 회사원이나 경영자, 일부 특수한 직업을 가진 사람을 위한 책이 아니다. 남녀노소, 그리고 연령이나 직업의 틀을 벗어나, 성장하기를 원하는 모든 이들을 위한 책이다.

구체적인 스킬보다 본질에 초점을 맞추었기에 이 책에서 권하는 사고 방식을 익혀서 여러 방면에 두루 적용한다면 일, 인간관계, 커뮤니케이션 등 모든 면이 잘 풀려나가는 경험을 하게 될 것이다. 그리고 금전적인 면에서도 저절로 부를 끌어당기는, 다시 말해 돈을 부르는 사람이 될 수 있을 것이다.

본질적인 부분을 누구나 다 편하게 익힐 수 있도록 서술은 짧게 하고 100개의 질문으로 응축하였다.

첫 항목부터 읽어도 괜찮고 각 항목을 살펴보면서 '아, 이게 마음에 걸리네'라고 느끼는 부분부터 읽어도 상관 없다.

다만 한 가지 부탁이 있다.

항목의 마지막에 간단한 질문 하나를 기술해두었다. 우선 그 부

분을 보고 그 질문을 생각하면서 읽어주시기 바란다.

그 질문은 당신 자신을 다시 바라볼 수 있는 계기가 될 것이며, 만일 지금 잘 안 풀리는 부분이 있다면 '잘 되는 사람과 나는 어떤 점이 다를까?'라는 확인의 과정으로 이어질 수 있다.

이 작업을 습관처럼 해나간다면 노력하지 않아도 자연스럽게 잘 되는 사람의 관점, 그리고 사고 방식이 당신 안으로 스며들게 된다.

그리고 각 항목에 당당히 'Yes'라고 답할 수 있게 될 때 당신의 인생은 저절로 잘 될 것이다.

다시 한번 말해두겠다.

만일 지금 당신의 인생이 잘 안 풀린다고 해도 그건 당신의 노력이 부족해서가 아니다. 잘 되어나가는 관점이 몸에 익지 않아서일 뿐이다.

그리고 지금 아무리 상황이 잘 풀리지 않는다고 해도 체념할 필요는 전혀 없다.

당신에게는 아직 당신이 눈치채지 못한 거대한 가능성이 잠들어 있다. 잘 되는 사람의 관점만 익힌다면 당신은 지금보다 훨씬 간단하게 자신의 가능성을 발견할 수 있게 된다.

이 책이 당신의 가능성을 자각하는 계기가 될 수 있다면 그 무엇보다 기쁜 일은 없을 것이다.

준비는 다 되었는가?

그럼 이제부터 함께 '잘 되는 사람의 사고 방식'을 익히러 떠나보자.

차 례

PART 01

부를 끌어당기는 사람의 상식을 벗어난 관점

PART 02

성공을 부르는 사람이 고민에서 벗어나는 방식

PART 03

잘 되는 사람이 자기 자신을 아끼는 방법

PART 04

부가 굴러들어오는 인간관계 만드는 법

PART 05

성공을 두 배, 세 배로 키우는 습관 만드는 법

PART 06

최고의 인생을 위해 자신을 성장시키는 기술

PART 07

원하는 미래를 스스로 창조하는 방법

100 WAYS OF
THINKING TO
MAKE YOU RICH

부를 끌어당기는 사람의
상식을 벗어난 관점

PART 01

우리가 상식이라고 믿는 것은 모두 진실일까? 우리에게 당연한 것은 남에게도 당연한 일일까? 대답은 No다.

우리는 산타클로스가 썰매를 타고 온다고 생각하지만 오스트레일리아에서는 서프보드를 타고 온다고 생각한다. 예전에는 신분에 의해 그 사람의 일생이 결정되는 것이 상식이었으나 지금은 개인의 노력이나 인격으로 미래가 결정된다.

이처럼 많은 이가 믿는 사실이 모두 옳지는 않다. 입장, 시대, 환경이 바뀌면 상식이라 여겨졌던 것이 비상식이 되어 버리기도 한다.

잘 되는 사람은 언제나 상식의 맹점을 탐색한다. 상식적으로 생각하면 그 틀에 빠져 버려서 그 이상의 대답을 찾아낼 수 없기 때문이다.

잘 되고 싶다면 일단 상식을 의심해보라. 사고 방식이 상식적이면서 남들보다 뛰어난, 비상식적인 결과를 만들어낼 수는 없다.

돈을 부르는 사람은 남보다 100배의 노력을 하지 않는다. 단지 많은 이가 상식에 사로잡혀서 놓치고 있는 부분을 정확히 간파하고 있을 뿐이다.

대부분이 당연하다고 여기는 것을 그대로 믿지 말라. 언제나 상식 속에 감춰진 맹점을 찾아내는 습관을 가진다면 당신은 부자가 될 수 있다.

100일의 질문

상식에 사로잡혀있지 않는가?

상식은 바보들의 만병통치약이다.

발타자르 그라시안 Baltasar Graciàn

원하는 것은 '언젠가'가 아니라 '바로 지금' 손에 넣는다

002

10년쯤 전의 일이다. 음식점 경영, 강연, 그리고 출판이 궤도에 올랐을 때 어떤 물건을 살까 말까 망설인 적이 있다. 20대부터 계속 동경하고 갈망해 왔던 물건이었다.

'어떻게 할까…, 지금 살 수는 있지만 돈을 조금 더 모으고 나서 사야 하나'라며 망설일 때 그 지역의 레스토랑 비즈니스로 큰 성공을 거둔 사람이 "정말로 원하는 것은 지체하지 말고 사라"는 충고를 해주었다.

"하지만 돈을 좀 더 모으고 나서 살까 하고요."

"그럼 그걸 샀다고 쳐보게나. 먹을 수는 없지만 그걸 바라보고 있는 것만으로도 반찬 삼아 밥을 먹을 수 있겠나?"

"네, 가능하지요!"

"그럼 사야지. 그 정도로 원하는 건 일단 사는 게 낫네. 그래야 더 큰 욕심을 가질 수 있지."

그 말에 물건을 샀다. 실제로 그걸 쳐다보면서 밥을 먹은 적도 있었다. 흡족해하면서 말이다.

돈을 부르는 사람은 진정 원하는 것이 있으면 일단 손에 넣고 그 만족감을 에너지 삼아 더 높은 곳을 향해간다는 사실을 알게 되었다. 무척 큰 경험이었다.

만일 당신이 무엇인가를 진정 원한다면 가능한 범위 안에서 먼저 자신의 것으로 만들어보라. 그것이 원하는 방향으로 가는 하나의 방법이 된다.

100일의 질문
원하는 것을 뒤로 미루지 않는가?

당신이 최선이라고 생각하는 일을
신이 당신에게 위임한 일이라고 생각하고 그대로 밀고 나가라.

에픽테토스 Epictetus

대전제를
바꾼다

돈을 부르는 사람은 상식의 이면에 있는 맹점을 능숙하게 찾아낸다. 그래서 '다른 사람과 유사한' 생활방식을 잘 선택하지 않는다. 무턱대고 노력하기보다는, 그에 앞서 관점을 바꾸어 버린다.

잘 되는 사람은 더욱이 대전제를 의심한다.

대전제를 간단한 말로 표현하면 '애당초'라 하겠다.

예를 들면, 일반적으로 대학생은 취직을 위해 노력하고 그 일에 몰두한다. 그런데 잘 되는 사람은 '모두 취직하려고 애쓰는데 '애당초' 취직을 해야만 하는 걸까? 직접 사업을 할 수도 있는데'라고 생각한다.

타인이 만들어낸 대전제 안에서 사고한다는 것은 스스로를 그틀 안에서 살아가도록 규정짓는 것이다. 어떤 의미에서는 편한 방법이겠지만 반대로 보면 자유롭지 못하게 된다.

성공하는 사람은 항상 스스로의 머리로 사고한다. 그리고 대전제나 규칙을 자신이 직접 만들어나간다.

다시 말해서 주어진 선택지 안에서 어떤 정답을 고를지 고민하지 않고 스스로 선택한 길을 정답으로 만들어내기 위해 시간과 머리를 쓴다.

'애당초 규칙은 내가 만들면 되잖아.'

이렇게 사고함으로써 발상의 틀이 더 넓어지고 상식이나 대전제에 사로잡히지 않으면서 새로운 길을 개척해나갈 수 있게 된다.

100일의 질문

'다른 사람과 유사한' 방향으로 쉽사리 흘러가지 않는가?

자신이 해야 할 일을 결정하는 사람은
세상에서 단 한 사람, 오직 나 자신뿐이다.

오손 웰스 Orson Welles

운세가 나쁘게 나오면
기뻐한다

어느 해 정월이었다. 존경하는 경영자의 초대로 새해 참배를 하러 갔을 때 '과연 잘 되는 사람의 사고 방식은 다르구나'라며 놀란 적이 있었다.

함께 운세를 보았는데 필자의 결과는 좋게 나왔지만 그분의 결과는 몹시 나쁘게 나왔다.

'나쁜 운세가 안 나와서 다행이네'라며 가슴을 쓸어내리고 있는데 그분도 아주 기뻐하는 것이었다.

"운세가 나쁘게 나왔는데 왜 기뻐하시나요?"

이상한 생각에 물어보자 이런 대답이 돌아왔다.

"그야 지금 운세가 나쁘면 이제부터 더 좋은 일이 생기니 그렇지. 그보다 자네는 지금 이 좋은 운세를 꼭 붙들어 매어 잘 유지해 나가야겠군."

"점괘가 현재의 상태를 말해주는 건가요?"

"애당초 누가 점괘가 미래를 말해주는 거라고 정했나? 나는 지금을 알려주는 거라 생각하는데. 미래는 스스로 만들어가는 거니까. 어차피 생각하기 나름이겠지만."

세상에는 긍정적인 사고가 중요하다는 말이 수없이 돌아다닌다. 그런데 그분의 사고 방식을 관찰하면서 긍정적인 사고란 곧 '자신에게 유리하게 생각하는'것일지도 모른다고 느꼈다.

상식에 사로잡혀 일희일비하기보다는 일어나는 모든 일을 플러스로 해석하는 힘, 그것이 잘 되는 사람의 사고 방식이다.

100일의 질문

자신에게 유리하게 사고하고 있는가?

당신이 할 수 있다고 생각하든 할 수 없다고 생각하든, 당신의 생각대로 된다.

헨리 포드 Henry Ford

하기 전부터 '성공할 거야'라고 굳게 믿는다

최고의 씨름꾼이 되는 사람은 한결같이 씨름판에 오르기 전부터 '나는 반드시 최고의 자리에 오를 사람'이라고 확신한다고 한다. 필자의 주변에는 고맙게도 훌륭한 실적을 가진 작가, 강연가, 코치, 경영자가 여럿 있는데 그들 모두 최고의 씨름꾼과 똑같은 사고 방식을 가지고 있다.

흔히 사람들은 좋은 결과가 나오고 나서야 비로소 자신감을 가지지만, 성공하는 사람의 자신감은 그 순서가 정반대다. '자신감이 먼저, 결과는 나중', 즉 결과를 내기 전부터 '반드시 잘된다'라는 절대적인 자신감을 가지고 있다.

좋은 결과를 얻고 나서 생기는 자신감은 결과가 좋지 않으면 영원히 가질 수 없다는 문제점이 있다. 그에 비해 잘 되는 사람은 지금의 현실 너머 이상적인 미래를 눈앞에 그리며 반드시 실현할 수 있을 거라 믿는다. 그 절대적인 자신감이 큰 성과를 가져다준다.

많은 이들이 자신감에 '근거가 있는지'를 신경 쓰지만 근거가 없어야 더 잘 될 가능성이 높다. 왜냐하면 근거가 있는 자신감은 근거가 무너지면 그대로 끝장이지만 근거가 없는 자신감은 무너질 수 없기 때문이다.

어떤 위기에 빠지더라도 이렇게 마음먹자.

'나는 최고가 될 사람이야.'

'미래에 최고가 될 사람이 이 정도에 당황하는 건 우스꽝스럽지.'

그리고 침착하게 앞으로 나아가자.

그 모습에 사람들은 매료되고 이상적인 미래도 자신에게 성큼 다가오게 된다.

100일의 질문
근거 없는 자신감을 가지고 있는가?

자신감은 위대한 과업의 첫째 요건이다.

사무엘 존슨 Samuel Johnson

가장 높은 등급을
선택한다

돈을 부르는 생각

006

레스토랑이나 고급 식당에 가면 코스 요리에 등급이 매겨져 있는 경우가 있다. 예전에 음식점을 경영해본 기억으로는 대부분 ABC 등급에서 B를 선택하는 경향이 있었다.

그런 상황이 오면 가장 높은 등급을 주문해보자. 물론 경비를 지불할 수 있는 범위 안에 들어간다는 전제하에서 말이다.

당연히 그만큼 훌륭한 요리가 나온다는 이유만이 아니라 자기 자신에 대한 이미지를 격상시키기 위함이기도 하다.

큰 성공을 거둔 사람들과 함께 식사할 기회가 종종 있는데 그들은 **가장 최상의 등급을 선택하는 특성**을 보인다는 사실을 알게 되었다.

"허세 아닌가?"라고 한다면 그렇게 보일 수도 있겠다.

하지만 잘 되는 사람들은 다소 무리를 해서라도 스스로의 셀프 이미지를 격상시키기 위해 의식해서 그렇게 행동한다.

항상 가는 백반집이 아니라 약간은 고급스러운 레스토랑에서 식사를 해보자. 저렴한 커피가 아니라 고급 호텔 라운지에서 커피를 마셔보라.

항상은 아니지만 가끔 그렇게 해보자. 예산이 허용되는 범위 내에서 누구보다 소중한 자신에게 좋은 선물을 줄 수 있는 기회를 만들어보자. 그렇게 하면 셀프 이미지는 상승해간다.

100일의 질문

고가의 물건을 선택할 때 죄악감을 느끼지 않는가?

스스로 자신을 존중하면 다른 사람도 그대를 존중할 것이다.

공자 孔子

집착하지 않는다

잘 되는 사람은 포기하지 않는다는 것은 사실이다. 하지만 한 가지 조건이 붙는다.

'시작이 좋아야 포기하지 않는다'는 사실이다.

잘 되는 사람은 의외로 '가능성이 낮다고 판단했을 때는 미련 없이 즉각 마음을 접고 철수'한다. 가능성이 낮은 일에 집착하며 시간을 낭비하지 않는다. 포기의 속도는 놀랄 만큼 신속하며 깨끗하게 단념한다.

성공하는 도전은 처음부터 부드럽게 움직여간다. 거꾸로 가능성이 희박한 도전은 아무리 노력해도 삐걱거리며 마지막까지 수고를 부른다.

'포기하지 않으면 실패는 없다'라는 말이 있지만 '빨리 포기하고 다른 곳에 힘을 기울이는 게 더 나은' 경우도 있다.

크게 성공하는 사람들의 공통점은 자신의 수고에 대한 리턴, 즉 노력에 대한 가성비를 중요시한다는 것이다. 가능성이 있다고 판단할 때는 무슨 일이 있어도 포기하지 않지만 가능성이 낮다고 판단하는 순간 손절해 버린다. 이런 담백함과 효율성이 새로운 성공을 가져다준다.

100일의 질문

가능성이 낮은 것에 집착하지 않는가?

집착을 버려라. 그러면 세상에서 가장 부유한 사람이 될 것이다.

세르반테스 Miguel de Cervantes

'세상은 감정으로 움직인다'고 생각한다

부동산, 돈, 자산, 투자, 미용, 건강. 사람은 다양한 분야에 관심을 가진다. 하지만 돈을 부르는 사람은 그 자체가 아니라 그것을 원하는 사람의 마음이나 감정을 중심축에 놓고 사고한다.

우리 주변에 놓인 물건이나 시스템은 온통 '이런 게 있으면 좋겠는데'라는 감정을 계기로 태어난다. 다시 말해서 사람의 감정이나 마음의 움직임을 잘 파악하면 이 모든 것이 만들어지는 발신지를 장악할 수 있는 힘을 얻은 것과 마찬가지이다.

시대를 막론하고 좋은 결과를 이끌어내는 사업가, 경영자, 정치가 등 소위 리더라 할 수 있는 사람, 성공하는 사람은 모두 이 사실을 명확히 이해하고 있다. 사람의 마음을 움직일 수 있는가의 여부로 결과가 바뀐다는 사실이다.

앞으로의 시대에 가장 중요하다고 여겨지는 정보, 진정한 정보는 사람을 소중하게 여기는 이에게 자연스럽게 모여들 것이다.

어떤 사업 분야건 우수한 영업사원은 물건의 성능이나 그에 대한 이론이 아니라 고객이 그 물건을 손에 넣은 후의 감정을 상상하는 데 모든 노력을 기울인다.

천 년이라는 시간이 흐른 뒤에도 변하지 않는 것은 '세상은 감정으로 움직인다'는 사실이다.

부를 끌어당기는 사람은 언제나 물건 그 자체가 아니라 그것을 움직이는 사람의 감정을 중심축에 놓고 사고한다. 이 또한 천 년이 지나도 변하지 않을 불변의 지혜일 것이다.

100일의 질문

이론이 아니라 감정에 초점을 맞추고 있는가?

우리가 사람을 대할 때, 논리의 동물을 대하고 있지 않다는 점을 기억하자.
우리는 감정의 동물, 편견으로 마음이 분주하고
자존심과 허영에 따라 움직이는 동물과 상대하고 있는 것이다.

데일 카네기 Dale Carnegie

세상에는 아무런 대안 없이 노력하는 사람을 비판하거나 실패한 사람에게 "그래서 저 사람은 안 되는 거야"라며 무책임하게 평가를 해버리는 사람들이 많다.

물론 잘 되는 사람도 발언이 필요한 상황이라면 반대의견을 내놓을 수 있다. 하지만 그런 경우라도 잘 되는 사람은 스스로 한 가지 조건을 더 부과한다. 바로 대안을 가지고 반대한다는 사실이다. 즉 "이렇게 하면 잘 된다"라는 방법을 함께 제시한다. 이렇듯 성공하는 사람은 주변 사람의 행동을 보면서 똑같은 입장과 상황에 처한다면 '나라면 이렇게 할 텐데'라고 스스로의 행동을 상상하며 자신을 연마해간다.

관점을 바꾸는 연습은 어디에서나 훈련이 가능하다. 예를 들어 지하철 안에서 광고를 보다가 '나라면 광고문구를 이렇게 할 텐데', 드라마나 영화를 보면서 '나라면 마지막 장면은 이렇게 가져갈 텐데'처럼 시선에 들어오는 모든 것을 항상 자신의 관점으로 바꾸어 생각하며 단련하는 것이다.

아무런 대안 없이 무작정 다른 이를 비판하거나 반대하는 것은 스스로의 가치를 떨어뜨리는 행동이다. 좋은 상황을 이끌어내기 위해 발언이 필요할 경우, 항상 '나는 이렇게 생각한다'라는 자세를 명확히 가져가자.

스스로의 의견을 가지고 있는 사람은 그만큼 남들보다 강렬한 존재감을 가질 수 있다.

100일의 질문
'나라면 이렇게 할 텐데'라는 의견을 가지고 있는가?

당신을 당신 자신이 아닌 다른 사람으로 계속해서 바꾸려는 세상 속에서
당신답게 살아가는 것은 위대한 성취이다.

랠프 왈도 에머슨 Ralph Waldo Emerson

자신만의 시선으로
상대방의 문제를 간파한다

20년 전의 일이었다. 경영자를 취재하는 프로그램에서 어느 유명한 경영자가 언급했던 회사의 이념이 마음에 깊이 남았다. "고객은 모두 옳다"라는 말이었다.

당시에는 표현이 단순해서 그 깊이를 잘 이해하지 못했다. 고객이 어떻게 행동하든 옳다는 말로 잘못 이해될지도 모를 일이었다. 하지만 세월이 지나 다양한 경험을 하게 된 지금은 그 깊이를 실감하게 되었다.

모든 업무는 고객의 문제를 해결하고 행복을 주기 위해 존재한다.

그 경영자의 말에 대한 지금의 나의 해석이다. 어떤 문제가 존재하기에 업무가 발생하고 그 문제를 해결함으로써 나 자신이 풍요로워질 수 있다.

그렇다면 문제를 해결하기 위해 가장 먼저 해야 할 일은 무엇일까? 그것은 '고객의 문제를 찾아내는' 것으로 시작된다.

고객의 문제를 찾아내는 힘을 기르기 위해서는 '항상 상대방의 시선으로 바라보는 훈련'을 해야 한다.

다른 사람과 만나서 그 이야기를 듣고 그가 원하는 바를 알아내는 힘. 그 능력은 바로 내 앞에 있는 한 사람 한 사람을 그 사람의 입장에서 대하는 마음가짐으로 길러진다.

상대방의 입장에 서서 상대방의 마음으로 사고하는 힘. 어렸을 때 도덕 수업에서 배웠던 이 간단한 방법이 실생활에서도 핵심을 이루는, 성공하는 방법이었던 것이다.

부와 성공을 끌어당기는 사람은 항상 상대방의 시선으로 사고한다.

100일의 질문

상대방의 입장에서 생각해보는 습관을 지니고 있는가?

그 사람의 신발을 신어보기 전에 그 사람을 평가하지 마라.

인디언 속담

다른 사람이 간과하고 있는 것을 파고들어간다

당신이 지금 동네에서 장사를 시작한다고 해보자. 그 거리에는 우동집이 많은 곳이라고 가정해보자. 그곳에서 승부를 건다면 어떤 장사를 할 것인가?

대부분은 이렇게 답할 것이다.

"우동은 비집고 들어가기가 힘들 테니 라멘이 괜찮겠죠? 틈새시장을 노리는 게 중요하죠."

하지만 잘 되는 사람의 대답은 다르다. "이 거리는 당연히 우동이죠."

'우동집이 많아서 비집고 들어갈 수 없다'라고 생각하지 않고 '이렇게 우동집이 많다는 사실은 그만큼 수요와 고객이 있다는 거야. 다른 가게보다 조금만 더 퀄리티 높게 가면 할 수 있겠어'라고 판단한다.

성공하는 포인트는 '누구도 하지 않는 것'이 아니라 '누구나 할 수 있는데도 하지 않는 것' 속에 감추어져 있다.

예를 들면 일상적인 업무를 할 때 그 누구보다 웃는 얼굴로 일을 하거나 상사에게 힘차게 대답하고, 상사의 경우에는 그 누구보다 부하를 소중히 여기는 것처럼 말이다. 일상 속에 '진정할 수 있는데도 하지 않는 것'은 무수히 많다.

지금 상황에서 시선을 조금 옮겨보라. 원하는 바에 초점을 맞추고 파고들면 그것이 당신의 매력이 되고 반드시 당신에게만 보이는 세계가 눈앞에 펼쳐질 것이다.

100일의 질문

'누구나 할 수 있는데도 하지 않는 것'이 보이는가?

세상을 바꿀 수 있다고 생각하는 정신 나간 사람들이 세상을 변화시킨다.

스티브 잡스 Steve Jobs

멋지고 즐겁게
사고한다

우리가 사는 세상에는 다양한 지옥이 존재한다. 그중에서도 가까이 있는 지옥은 '좋아요' 지옥이다.

"좋아요!"

이 말이 듣고 싶어서 스스로를 몰아치며 애쓰는 사람이 있다. 그것을 원동력으로 계속 성장해 나간다면 문제는 없을 것이다. 다만 '좋아요'를 목표로 하는 경쟁이 지나치면 '좋아요'를 받지 못하는 자신이 가치가 없다고 느낄 위험성이 잠재되어 있다. 어떻게 하면 한없이 계속되는 '좋아요 지옥'에서 빠져나올 수 있을까?

결국 비교가 아닌 스스로 '멋지고 즐겁게 사고하는 습관'을 길러야 한다.

'이게 다른 사람보다 나을까?', '이건 다른 사람에게 인정받을 수

있을까?'에서 벗어나야 한다. '내 스타일은 그 자체로 멋진가?',
'진정 스스로 즐거움을 느끼는가?'에 초점을 맞춰보자.

그렇게 함으로써 그 누구도 아닌 나 자신의 독자적인 존재 방
식이 빛을 발하게 된다.

어떤 상황에 처하더라도, 누구에게도 인정받지 못하더라도 자
신이 생각하는 멋스러움과 즐거움을 추구해보자.

분명 당신은 그 이전보다 찬란히 빛날 수 있을 것이다.

100일의 질문

주변의 반응에 집착하지 않는가?

자기 자신을 발견하고, 그 모습대로 살아라.

데일 카네기 Dale Carnegie

직감을
중요시한다

"저 사람 어디가 좋아?", "왜 이 길로 왔어?"라는 질문을 듣고 그 즉시 대답을 하지 못하는 경우가 있다.

특별한 이유가 없을 때 잘 쓰는 대답은 '그냥'일 것이다.

하지만 '그냥'은 무척 중요한 말이다. 그 자체가 직감이라 부를 수 있는 것이기 때문이다.

잘 되는 사람은 자신의 직감을 중요시한다. 전혀 근거가 없는데도 '그냥 이쪽일 것 같은데'라는 마음속의 직감을 따라 움직인다.

어느 작가에게 이런 이야기를 들었다.

"선택이 망설여지면 처음에 느꼈던 직감을 믿는 게 좋아요. 진정한 마음의 소리니까요. 사람들은 어떤 선택을 할 때 처음의 직감을 무시하고 "이쪽 조건이 좋으니까", "대부분 이쪽을 선택하니까"라면서 점점 조건을 덧붙여나가다가 결과적으로는 후회를 하죠. 조건보다 직감이 훨씬 잘 들어맞아요."

물론 직감으로 움직이면 모든 것이 잘 된다는 의미는 아니지만, 조건만을 의식하면 좋은 결과가 나오기 어렵다.

일단 모든 조건을 배제하고 '내가 처음에 어떻게 느꼈지?'를 떠올려보자.

100일의 질문
'직감'을 소중하게 여기는가?

직감을 무시하지 마라.
뭔가를 할 때 조금이라도 좋지 않는 느낌이 들면 그것에 귀를 기울여라.
이런 직감들은 신에게서 오는 것이기 때문이다.

마울라나 잘랄 앗딘 무함마드 루미 Jalāl al-Dīn Muhammad Rūmī

스스로의 중심축으로
움직인다

인터넷의 발달로 우리는 매일 수많은 정보의 홍수 속에서 살아간다. 현대인이 접하는 하루의 정보량은 1800년대의 2만 배에 달한다고 한다.

이런 시대에 무엇보다 중요한 것은 '스스로의 중심축을 단단히 유지'하는 일이다.

주변의 의견이나 쏟아지는 정보에 좌우되지 말자.

"나는 어떻게 하고 싶은가?"

"나는 어떻게 살고 싶은가?"

항상 스스로에게 질문을 던져야 한다.

많은 사람이 오른쪽으로 간다고 해도 스스로 '왼쪽이야'라고 느낀다면 당당히 왼쪽을 선택해보자.

대다수가 옳다고 판단하는 것이 반드시 옳지는 않다.

1980년대에 일본에서는 "부동산 가격은 절대 내려가지 않아"라는 신념으로 많은 사람이 부동산에 투자했지만, 가격은 폭락했고 거품은 꺼져 버렸다. 그 고통을 겪지 않았던 사람은 주변에 휘둘리지 않고 자신만의 길을 착실하게 걸어갔던 이들뿐이었다.

현재는 그 당시보다 더 혼란스럽다. 결국 '스스로를 중심에 놓는 힘'을 길러서 휘둘리지 말고 이 격동의 시대를 살아나가야 한다.

100일의 질문

주변의 의견이나 정보에 휘둘리지 않는가?

당신이 인생의 주인공이다. 그 사실을 잊지 마라.
지금까지 당신이 의식적으로 혹은 무의식적으로 선택한 것으로 인해
지금의 당신이 존재한다.

바바라 홀 Barbara Hall

100 WAYS OF
THINKING TO
MAKE YOU RICH

성공을 부르는 사람이
고민에서 벗어나는 방식

PART 02

필요 없는 것은
주저 없이 놓아버린다

015

우리는 여러 가지 고민을 안고 살아간다. 그 고민은 인간관계, 매달 지출해야 할 돈, 마음의 문제 등 무척 다양하다.

삶의 큰 무게를 지니고 있는데 "앞으로 나아가야죠"라는 말을 들어도 상황은 쉽사리 바뀌지 않는다. 앞으로 걸어 나가려면 지금 가지고 있는 짐을 최대한 줄여나갈 필요가 있다.

큰 성공을 이루는 사람은 세상의 상식을 기준으로 삼지 않는다. 다만 스스로에게 무엇이 가장 중요한지, 무엇이 필요한지를 자신만의 기준으로 철저하게 파악하고 소수의 것만을 남겨 놓는다. 그리고 자신에게 남겨진 것을 그 누구보다도 소중하게 여긴다. 주변 사람들이 버리기에는 아깝다고 여길 선택이라 해도 필요한 것이 아니라면 주저 없이 놓아버린다.

"이것만은 남겨 두고 싶은 것이 있다면 그것은 무엇일까?"

"앞으로 어떻게 해서든 손에 넣고 싶은 것은 무엇인가?"

목록을 작성해서 필요 없는 것은 주저 없이 손에서 놓아버리자.

껴안고 있던 짐을 놓아버리면 진정 소중한 사람이나 물건, 그리고 무엇보다 새로운 나 자신과 조우할 수 있다.

"무엇을 놓아버리고 무엇을 지켜갈까?"

돈과 성공을 끌어당기는 사람은 철저하게 스스로를 바라보며 소중한 것에 집중하는 '취사선택의 힘'을 가지고 있다.

100일의 질문

자신을 짓누르는 쓸모없는 것을 버리고 있는가?

인생에서 원하는 것을 얻기 위한 첫 번째 단계는
내가 무엇을 원하는지 결정하는 것이다.

벤 스타인 Ben Stein

작은 것에
집착하지 않는다

016

'또 실수하면 어쩌지…'

'아마 그 사람이 싫어했을 거야.'

'앞으로 어떻게 될지 불안해서 견딜 수가 없어.'

우리는 대부분 아직 일어나지 않은 일이나 사안을 예측하며 불안해한다.

하지만 돈을 부르는 사람은 매사를 큰 관점으로 바라본다. 사소한 불안이 큰 실수를 불러일으킬 수 있다는 사실을 잘 알고 있기 때문이다.

인생은 눈앞에서 옳고 그름이 판별되지 않는다. 누구나 실패하기 마련이다. 중요한 것은 당장의 실패에 지나치게 사로잡히지 않아야 한다는 점이다.

불안에 빠졌을 때 스스로에게 물어보자.

"지금 내가 불안해하는 사안이 인생에 그토록 큰 영향을 끼치는 걸까?"

그 대답이 "No"라면 그대로 흘려버리도록 하자.

과거의 실패를 아무리 후회해도 이미 일어난 일은 변하지 않는다.

오히려 과거의 실패를 지나치게 반복해서 생각하다 보면 그 사고가 습관화되어 똑같은 현상이 다시 일어날 수 있다.

우리의 두뇌는 한 가지 일만 생각하게끔 되어 있다. 그런 두뇌의 방향성을 하찮고 자잘한 일에 빠져 버리는 데 둘 것인가, 스스로를 성장시키는 쪽으로 향하게 할 것인가? 그 방향성에 따라 우리에게 찾아올 미래의 결과는 완전히 달라진다.

100일의 질문

매사를 큰 관점으로 파악하고 있는가?

절대 어제를 후회하지 마라. 인생은 오늘의 내 안에 있고,
내일은 스스로 만드는 것이다.

L 론 허버드 L. Ron Hubbard

상황이 나쁘더라도 한탄하지 않는다

0**17**

날씨를 바꾸지 못하는 것처럼 아무리 노력해도 해낼 수 없는 일이 세상에는 무척 많다. 코로나 바이러스를 종식시키는 일도 그중의 하나일 것이다.

일상 속에서 다양한 가치관을 가진 사람들을 만나게 된다. 다르다는 이유로 편견이나 오해를 받는 경우도 있다. 그럴 때 괴로워하거나 무리해서 주변 사람의 생각을 바꾸려고 하면 오히려 최악의 상황에 빠져 버리게 된다.

그런 경우 가장 손쉽게 바꿀 수 있는 것은 바로 스스로가 상황을 바라보고 파악하는 방식이다.

어느 시대에서나 시련을 극복한 이는 상황의 긍정적인 측면을 볼 수 있는 사람이었다.

'위기危機'라는 단어 속에는 '위험危險'과 '기회機會'라는 말이 포함

되어 있는 것처럼 절체절명의 상황에서도 반드시 기회는 존재한다.

어둠 속에 감추어진 빛을 발견하는 힘을 가지고 있으면 주변 사람을 안심시킬 수 있다. 그리고 스스로도 즐겁게 살아나갈 수 있다.

콘트롤할 수 있는 것은 자기 자신뿐이라는 결론을 명쾌하게 내리고 상황의 긍정적인 측면을 찾아내는 습관을 익혀보자.

100일의 질문
상황의 긍정적인 측면에 시선을 두고 있는가?

고통이 남기고 난 뒤를 보라! 고난이 지나면 반드시 기쁨이 스며든다.

괴테 Johann Wolfgang von Goethe

다른 사람과 비교하지 않는다

인간은 무의식적으로 다른 사람과 자신을 비교하는 생물이다. 비교는 우리들 속에 이미 장착되어있는 본능적인 심리라 할 수 있다.

중요한 사실은 아무리 다른 사람과 비교를 해도 결과는 달라지지 않는다는 점이다.

앞서도 기술했지만 사람의 두뇌는 한 가지에만 집중하도록 되어 있다.

성공하는 사람은 자신의 두뇌를 다른 사람과 비교하는 용도로 쓰지 않는다. 그 대신 지금 자신의 눈앞에 놓여있는 과제에 초점을 맞추고 집중한다.

시험을 볼 때는 문제에 집중하며, 업무를 할 때는 '어떻게 하면 이 일을 잘 처리할 수 있을까'를 고민한다.

눈앞에 놓인 과제를 하나씩 처리해냄으로써 스스로의 위치를 높여가야 한다.

예전에는 할 수 없었던 것을 할 수 있게 되었을 때, 비로소 과거의 자신을 넘어설 수 있게 된다. 불가능을 가능으로 바꾼 그때의 느낌을 간직하면서 앞으로 묵묵히 걸어 나갈 때 문득 주변 사람을 앞지르고 있는 자신을 발견하게 될 것이다.

100일의 질문
주변 사람이 아닌, 눈앞의 목표에 집중하고 있는가?

성공의 비결은 단 한 가지, 잘할 수 있는 일에 광적으로 집중하는 것이다.

톰 모나건 Thomas S. Monaghan

다른 이와의 거리감을
중요하게 여긴다

019

'고민의 90퍼센트는 인간관계에서 생겨난다'라는 말이 있다. 지금을 살아가는 우리에게만 해당되는 것은 아니다. 수많은 역사 속에서도 사람 사이의 일로 기뻐하고 고민하는 무수히 많은 기록을 확인할 수 있다.

돈과 성공을 끌어당기는 사람은 다른 사람과 거리를 어떻게 두느냐에 따라 인간관계가 정해진다는 사실을 정확히 알고 있다. 그들은 부모나 친구처럼 가까운 사이에서도 문제의 성격에 따라 거리를 설정한다. 예를 들면 여기부터 여기까지는 자신이 도울 수 있는 부분, 여기부터는 상대방이 해결해야 할 부분으로 구역을 정해 능숙하게 선을 긋는다.

거꾸로 인간관계에 취약한 사람은 구역을 나누지 못하고 그 선을 넘어서 너무 가까이 다가가는 바람에 상대방과의 관계가 어그러져 버린다.

인간은 누구나 감추고 싶은 부분이나 다른 사람에게 침해받으려 하지 않는 영역을 갖고 있다. 그리고 그 안에서 일어난 일은 어디까지나 스스로 해결하고 싶어 하며 또 그렇게 하는 것이 맞다.

때로는 정확하게 거리를 두는 방식이 차갑게 비춰질 때도 있겠지만 그것은 어디까지나 상대방을 존중하기 때문이다.

상대방이 누구이건 상황을 정확히 이해하고 각각의 영역을 명확히 정해보자. 너무 들러붙지도 말고 지나치게 간섭하지도 않으며 나는 나, 다른 사람은 다른 사람이라며 거리를 조절해야 좋은 인간관계를 만들어갈 수 있다.

100일의 질문
상대방의 영역에 발을 들여놓지 않는가?

무수히 많은 사람 가운데 나와 뜻을 함께 할 사람이 한 둘은 있을 것이다.
그것이면 충분하다. 바깥 공기를 마시는데 창문은 하나만으로 충분하다.

로맹 롤랑 Romain Rolland

타인의 평가로
스스로를 결정하지 않는다

'이렇게 하면 무시당하지 않을까?'

'다른 사람은 나를 어떻게 생각할까?' 우리는 은연중에 주변의 시선을 의식해서 행동하기 쉽다.

물론 다른 사람을 의식하지 않는 행동이 직접적으로 누군가에게 상처를 입히거나 세상의 규정에서 일탈하는 것이라면 절대 해서는 안 된다. 하지만 일탈도 아닌 데다가 스스로 도전을 해야 하는 경우라면 다른 이의 시선에 망설이지 말고 행동에 옮겨야 한다.

설령 어떤 도전으로 인해 낮은 평가를 받았다 해도 사람들은 언젠가는 그 사실을 잊어버린다. 다른 사람의 평가에 마음을 빼앗기지 말고 '어떻게 하면 잘 될까?'만을 고민하는 것이 현명하다.

잘 되는 사람은 타인이 아닌 자신의 평가를 중심에 놓고 매사를 선택한다.

다양한 의견을 청취하지만 마지막으로는 오로지 스스로를 중심축에 놓은 사고로 판단한다. 잘 되는 사람은 타인의 평가를 그다지 의지하지 않는다. 항상 자신의 중심축에 비춰보면서 결정을 행동으로 옮긴다.

사카모토 료마坂本龍馬, 일본의 메이지유신에 관여한 무사는 이런 말을 남겼다.

"세상 사람들, 내게 뭐라 말하려든 말하라. 내가 이뤄낼 일은 나만이 아는 것이니."

주변의 평가에 일희일비하지 않고 견고한 멘탈리티로 살아가야 한다.

100일의 질문
주변의 시선을 그다지 의식하지 않는가?

그대의 여정에 다른 이들이 끼어들지 못하게 하라.
이 길은 그대만의 길이요, 그대 혼자 가야할 길임을 명심하라.

로맨 롤랑 Romain Rolland

모든 것을
필연이라 생각한다

"내게 일어나는 일은 모두 우연이 아니라 필연이다."

20대였던 어느 날 강연회에서 들은 말이다. 처음에는 그 의미를 정확히 알지 못했고 강연회가 끝나고 나서 그 연사와 이야기를 나눌 기회가 있었다. 끈질기게 질문을 하며 그 의미를 파악하려 했으나 결국 이해하지 못했고 머릿속은 복잡해지기만 했다.

하지만 그로부터 20년 이상의 세월이 흐르고 여러 가지 경험을 거듭하면서 이 말의 의미를 나름대로 해석할 수 있게 되었다.

이 말은 스스로의 행동을 긍정적으로 만들기 위한 것이라고 생각한다.

생각 단 하나로 인생은 크게 변할 수 있다.

일어나는 일을 우연이라고 여길 것인가 필연이라고 생각할 것인가에 따라 자기 자신의 행동이 바뀌게 된다. 모든 일이 단순히 우연으로 일어난다고 하면 사람은 노력을 하지 않을 것이다. 하지만 '모든 것은 필연'이라고 생각하면 결과를 만들어내는 원인인 자신의 행동에 초점을 맞출 수 있게 된다.

더욱이 일어나는 상황에 어떤 의미를 부여할 것인지를 의식하게 된다. '지금 일어난 일은 '그 어떤 것을 깨달으라'는 메시지일 것'이라고 생각하게 된다.

잘 되는 사람은 스스로의 행동으로 길을 만들어나간다. '모든 것은 필연'이라는 말은 관점을 바꾸어 말하면 '모든 것은 자신이 하기 나름'이 될 것이다.

100일의 질문

자신에게 일어나는 일의 의미를 되짚어보는가?

원래 좋고 나쁜 것은 다 생각하기 나름이다.

윌리엄 셰익스피어 William Shakespeare

'과거는 바꿀 수 있다'고 생각한다

'과거는 바꿀 수 없다.' 많은 사람은 이렇게 믿는다. 하지만 잘 되는 사람은 과거를 바꾸는 방법을 알고 있다. 그것은 바로 '좋은 미래를 만들어 가는 데 집중한다'는 것이다.

일이 잘 안 돼서 상사에게 질책을 받았다. 소중한 사람과 헤어졌다.

이미 일어난 일은 바꿀 수 없다. 그러나 일어난 일에 부여한 의미는 바꿀 수 있다.

과거는 현재에서 뒤돌아보는 것이다. 지금 현재를 어떤 마음가짐으로 살아가고 있는지에 따라 과거에 대한 의미가 크게 달라진다.

예를 들면 업무에서 큰 성과를 거두었다고 해보자. 그런 경우에 과거를 뒤돌아보면 '과거의 실패가 밑거름이 되어서 이런 성과를 거둘 수 있었어. 그때 나를 꾸짖어준 상사 덕분이야'라고 생각할 수 있다.

만일 당신에게 소중한 사람이 나타난다면 '그때 헤어짐이 있어서 이렇게 멋진 사람과 만날 수 있었어'라고 생각할 수도 있다.

지금이라는 시간을 과거를 후회하는 데 허비할 것인가, 아니면 더 멋진 미래를 만들어서 과거에 일어난 일의 의미를 바꿀 것인가?

잘 되는 사람은 두 번 다시 돌아오지 않는 지금이라는 매 순간순간을 멋진 미래를 만드는 데 초점을 맞추며 과거를 바꾸어 나간다.

100일의 질문

과거가 아니라 멋진 미래에 초점을 맞추고 있는가?

변화의 비결은 낡은 것과 싸우는 것이 아니라
새로운 것을 만드는 데 모든 에너지를 집중하는 것이다.

소크라테스 Socrates

실행에 옮기면서 사고한다

"잘 될지 안 될지는 해봐야 알 수 있다네. 우선 시작해보게나. 실행해보면 비로소 잘 될지 안될지를 알 수 있을 걸세."

예전에 어떤 일을 해야 하는데 잡다한 생각이 많아져서 좀처럼 손을 대지 못하고 있을 때 스승님이 들려준 말이다. 무척 단순한 말이지만 그 말을 들었을 때 가슴이 '쿵' 하고 내려 앉았다. 그리고 조언대로 일단 시작해보았더니 걱정과는 달리 잘 진행되었다. 그때 비로소 '충분히 고민하고 실행에 옮기려다 보니 대부분 시작도 못 하는 거구나'라는 사실을 깨달았다.

실행에 옮기지 않고 여러 가지를 생각하다 보면 '만일 실패하면 어쩌지', '아직 준비가 덜 됐는데'라며 결국 잘 안될 거라는 쓸데없는 이유만 쌓이게 된다. 그런 생각들에 지쳐가다가 보면 '역시 그만둬야겠어'라고 포기해버린다.

무엇을 하든 성공하고야 마는 사람들은 어떤 상황에서도 실행에 옮기는 속도가 빠르다는 공통점을 가지고 있다. 그리고 움직이기 시작한 순간, 전해오는 반응을 참고로 하면서 일이 잘 진척되지 않으면 '그럼 이렇게 해보자'라고 수정하면서 점점 잘 되는 방향으로 추진력을 더해나간다.

그런 식으로 '하지 않고 후회'하기보다는 '하고 나서 반성'하면서 앞으로 나아간다. 결국 반성은 하지만 후회는 하지 않는다. 이 세상에서 스스로를 가장 괴롭히는 감정의 하나가 후회라는 사실을 잘 알고 있기 때문이다.

어떤 결심이 섰을 때는 이런저런 생각을 하지 말고 우선 작은 행동이라도 실행에 옮겨보자.

100일의 질문

어떤 일을 시작하기 전보다는 시작한 후에 더 많이 고민하는가?

너무 소심하고 까다롭게 자신의 행동을 고민하지마라.
모든 인생은 실험이다. 더 많이 실험할수록 더 나아진다.

랠프 왈도 에머슨 Ralph Waldo Emerson

혼자서
시작한다

돈을 부르는 사람의 특징 중 하나는 타인에게 의존하지 않는 다는 점이다. 보통 사람들은 어떤 일을 시작할 때 주변 사람을 설득하거나 자기 일에 동의하는 사람을 모으는 일부터 시작한 다. 하지만 잘 되는 사람은 그 일에 마음이 끌리는 순간 속도를 높여 스스로 착수해버린다.

인간은 희한한 존재다.

"이런 일을 하고 싶은데 함께 하시겠어요?"라는 부탁을 받으면 주저하게 되지만 다른 사람을 의지하지 않고 어떤 일을 혼자 서 시작하는 사람에게는 묘하게 끌려들어 가게 된다.

신화 중에 천상에 있다는 암굴, 아마노이와토天の岩戸 이야기 가 있다. 먼 옛날 신화시대에 태양의 신이 토라져서 암굴에 들 어가 버렸다. 다른 신들이 어떻게든 밖으로 나오게 하려고 설

득했지만 어느 누구의 말도 듣지 않았다. 그러다 어느 날 암굴 밖에서 모두들 떠들썩하게 즐거워하자 태양의 신이 그 모습을 보느라 암굴이 조금 열렸고 그 순간 힘이 센 신이 암굴을 열고 밖으로 나오게 했다는 이야기이다.

인간에게는 호기심이 있다. '저 사람은 혼자서 무슨 일을 하는데 저렇게 즐거워 보이지?'라고 느끼는 순간 저절로 그 주변에 모여들게 된다.

성공하는 사람은 이런 심리를 알고 있다. 스스로 혼자 일을 시작하면 어떤 이점을 가져오는지 알고 있다. 하고 싶은 일이 있다면 주변을 신경 쓰지 말고 당장 시작해보자.

100일의 질문

주변 사람에게 의지하기보다는 혼자 무언가를 하려 하는가?

군자가 추구하는 것은 자기 안에 있다. 소인이 구하는 것은 다른 사람에게 있다.

공자 孔子

역경의 시작을 자신의 스토리가 생성되는 지점이라 여긴다

절체절명의 순간에 대부분은 '이제 더 이상 안돼', '왜 내게만 이런 시련이...'라며 절망해버린다. 하지만 부와 성공을 끌어 당기는 사람은 이런 순간에도 쉽사리 단념하지 않는다. '진정한 성장은 역경에서 태어난다'라는 믿음이 있기 때문이다.

이 법칙은 수많은 명작에서도 확인할 수 있다. 만약 주인공이 어떤 고난도 없이 평범한 인생으로 점철된다면 대부분은 흥미를 느끼지 못할 것이다.

반대로 주인공이 절망적인 고난을 겪으면서도 용기를 내이 한 걸음씩 앞으로 나가며 난관을 극복했을 때 우리는 감동과 용기를 얻게 된다.

우리의 일상도 마찬가지이다. 분명 스스로의 인생에 어떤 고난도 찾아오지 않는다면 다행일지 모른다. 하지만 그와 동시에 '스스로 크게 성장할 수 있는 기회를 얻지 못하게' 된다.

만일 지금 이 순간, 당신이 곤란한 상황에 처해있다면 그것은 끝이 아니다. 당신 자신만의 스토리가 시작되고 있다는 증거다.

그 역경이 크면 클수록 당신은 눈부시게 성장하여 많은 이들에게 용기를 주는 사람이 된다.

100일의 질문
이제 스스로의 스토리가 시작되려 하는데 좌절하지 않고 있는가?

경험과 고통이 없는 삶은 삶이 아니다.

소크라테스 Socrates

"100점을 받아야 해. 그렇지 않으면 용서 못 해"라는 전제가 달려 있다면 사람들은 도전을 두려워하게 된다.

하지만 잘 되는 사람은 무턱대고 100점을 목표로 하지 않는다. 첫 번째 도전은 대체로 잘되지 않는다는 사실을 알기 때문이다. 몇 번을 거듭 도전하면서 점점 더 100점에 가까워져 간다.

결국 실패의 횟수도 많아진다.

잘 되는 사람은 '실패하지 않도록'이 아닌 '실패하더라도 다시 빨리 일어서는' 것을 염두에 둔다.

막 걸음마를 시작한 아이는 '넘어지면 어떻게 하지?'라며 고민하지 않는다.

인간은 나이가 들면서 점점 실패를 두려워하게 된다. 마침내는 도전 자체를 망각하게 된다.

성공하는 사람은 실패를 이미 염두에 두고 있기에 잘 못 되어도 그다지 신경을 쓰지 않는다. 그리고 도전을 거듭해갈 때마다 '실패해도 별 거 없어', '실패해도 다시 일어서면 돼'라는 사고의 회로가 작동한다.

실패하지 않으려 하기보다는 실패해도 다시 빨리 일어서도록 하자.

혼자서 껴안고
고군분투하지 않는다

책임감이 강한 노력형 인간일수록 '남에게 의지하는 건 좀 꺼려져서'라는 생각을 하는 경향이 있다.

잘 되는 사람은 '다른 사람에게 의지한다'고 생각하지 않고 '다른 사람을 활용한다'라고 사고한다. 다른 이에게 부탁함으로써 기회를 함께 나눈다고 여기는 것이다.

기회를 나눈다는 것은 '그 사람이 무대에 올라갈 수 있도록' 해 준다는 의미이다. 홀로 고군분투하지 않고 주변 사람이 각자의 특기를 살릴 수 있는 환경을 만들어주면 일은 잘 풀려나간다.

'의지한다'는 생각 속에 들어간 부정적인 느낌은 다른 사람의 특기를 활용하며 그에게 기회를 나누어준다고 여기면 해소된다.

혼자 하면 더 빨리 처리할 수 있는 일이라 해도 부하나 젊은 직원, 그리고 아이들에게 기회를 주고 일을 넘겨줘 보자. 특히 눈에 잘 띄지 않는 이에게 기회가 주어진다면 그 사람은 더욱 크게 고마워할 것이다.

"이 일, 부탁하네."라며 청하는 것은 "기대가 크니 힘내라"라는 응원의 메시지가 될 수 있다.

부와 성공을 끌어당기는 사람은 이런 구조를 파악하고 있으며 직접 실행에 옮긴다. 혼자 시작한 일이라 해도 주변 사람을 활용하며 기회를 줌으로써 자신도, 그리고 주변도 함께 행복해져 간다.

100일의 질문
주변 사람을 활용하고 있는가?

누군가에게 깊이 사랑받으면 힘이 생기고,
누군가를 깊이 사랑하면 용기가 생긴다.

노자 老子

미련하게
참지 않는다

028

눈앞에 보물이 있을 때 대부분은 눈치를 보며 집어 들지 못하고 주저하지만, 잘 되는 사람은 개의치 않고 얼른 집어 들고 제 길을 간다. 이런 차이점 역시 사고 방식에서 나온다. 눈앞에 기회가 있는데도 쓸모없는 망설임으로 놓쳐버리는 것처럼 안타까운 일은 없다. 더 이상 안타까운 상황이 발생하지 않도록 코칭을 통해 문제를 해결을 위한 작업을 실행에 옮겨보자.

우선 '당신이 고심하는 것'을 종이에 써보자. '회사 상사와의 관계' 또는 '하고 싶은 일이 있는데 주위에서 반대' 등. 대부분 이 첫 과정에서는 막힘없이 스스로의 고민을 작성하지만 다음 질문을 한 순간, 대부분 펜을 멈출 것이다.

"지금처럼 계속 참기만 한다면 당신이 얻을 수 있는 것은 무엇인가?"

계속 참아가며 살다가 맞닥트리는 미래는 상상하기 어렵겠지만, 그 끝에 기다리고 있는 것은 결국 여전히 똑같은 상태로 계속 참아가며 살아가는 인생일 것이다.

인간은 상상할 수 없는 것에 대해서는 불안이나 공포를 느끼며 움직임을 멈춰버리는 경향이 있지만, 그 정체를 알게 되면 하나씩 해결하는 방법을 찾아내고 구체적으로 행동에 옮길 수 있게 된다.

계속 참고 살아간다면 어떻게 될지 상상해봄으로써 스스로 그 미련함을 버릴 수 있게 된다. 그러면 인생은 조금 더 자유로워지고 그만큼 더 풍요로워진다. 무턱대고 참거나 망설이는 데 쓰는 시간을 버리고 스스로 더 마음이 가볍고 편해질 수 있는 방법을 선택해보자.

100일의 질문
계속 참고 살아간 미래가 보이는가?

지금이야말로 일할 때다. 지금이야말로 싸울 때다.
지금이야말로 나를 더 훌륭한 사람으로 만들 때다.
오늘 그것을 못하면 어찌 내일에 할 수 있을까.

토마스 아 켐피스 Thomas à Kempis

나이를
핑계 삼지 않는다

029

'이제 나이도 들었고...'

'지금 그렇게 애써봐야...'

이런 생각으로 도전을 포기하는 사람을 보면 몹시 안타깝다.

고맙게도 필자의 주변에는 나이를 잊고 살만큼 도전정신이 왕
성한 사람이 많다. 그리고 그들을 보면서 '나이를 핑계 삼아선
안 되지'라며 항상 반성하게 된다.

나이란 그 사람이 살아온 시간의 기억이다. 물론 나이가 들어
서 체력이 떨어지거나 여러 가지 상황이 불리해져서 단념하고
싶은 마음이 들 수도 있다.

돈을 부르는 사람은 어떤 상황에 처하더라도 그 나이대의 평
균적인 방식이나 상식적인 사고에서 도출되는 이런저런 생각
따위는 모두 무시해버린다.

중요한 것은 스스로 그 일을 하고 싶은가의 유무일 뿐, 가능한지 불가능한지는 해보고 나서 판단하는 공통점을 가지고 있다. 그들은 마음이 젊다.

마음은 사고 방식에 따라 젊게 유지해나갈 수 있다. 거꾸로 마음이 늙어버릴 수도 있다. 아직 젊은 나이인데도 노인보다 더 구닥다리 사고 방식을 가진 젊은이가 있는가 하면, 100세가 되어도 젊은 마음을 유지하며 살아가는 이도 있다.

나이에 구애받지 않는 유일한 방법, 그것은 호기심을 잃지 않는 것이다. 언제나 무언가에 흥미를 가져보자. 모르는 것이 있으면 적극적으로 찾아보자. 그런 자세가 당신의 마음을 젊게 유지시켜줄 것이다.

100일의 질문

호기심을 가지고 있는가?

사람은 햇수와 더불어 피부에 주름이 가겠지만,
세상일에 흥미를 잃지 않는다면 마음에 주름은 가지 않을 것이다.

더글러스 맥아더 Douglas MacArthur

"괜찮아"라고 말해주는 선한 존재를 주변에 둔다

돈을 부르는 사람은 주변을 통해 스스로의 셀프 이미지를 높여가는 공통점을 가진다.

"너라면 할 수 있어."

"역시 대단해. 천재야."

자신을 기분 좋은 착각 속에 빠트려주는 선한 존재가 항상 주변에 있다.

아무리 힘없는 소리를 해도, 무참히 꼴사납게 패배해도 "괜찮아"라고 모든 것을 받아들여주는 선한 존재를 갖는다는 것은 너무나도 소중하다.

'그런 사람이 옆에 있으면 사람 망치는 거 아냐?'라는 생각이 든다면 스스로에게 지나치게 엄격한 타입일지 모른다.

자신의 긍정감을 높이기 위해서는 어느 정도의 당근도 필요하다.

"괜찮네", "그것도 좋네"

계속해서 이런 말을 들으면 신기하게도 마음속의 빗장이 풀려버리고 꽉 닫혀 있던 자신 속의 알 수 없는 능력이 튀어나올 때가 있다.

누구나 본능적으로 선한 존재를 필요로 한다.

부와 성공을 끌어당기는 사람은 모두 이런 선한 존재를 가지고 있다. 그리고 서로 깊이 노력하며 멋진 착각을 현실로 바꾸어나간다.

100일의 질문
어떤 일이 있어도 자신을 긍정해줄 존재가 있는가?

당신을 더욱 높이 올려줄 사람들만을 가까이 두어라.

오프라 윈프리 Ophra Winfrey

100 WAYS OF
THINKING TO
MAKE YOU RICH

잘 되는 사람이
자기 자신을 아끼는 방법

P A R T   0 3

자기 자신에게 감사한다

질문을 해보겠다.

"이 세상에서 당신을 위해 가장 애쓰는 사람은 누구인가?"

부모님? 가족? 친구? 다양한 사람이 떠오를지 모르겠다.

하지만 사실, 여러분은 가장 중요한 인생의 존재를 잊고 있다.

그것은 바로 자기 자신이다.

추운 겨울날 따스한 침구 속에서 갑자기 갈증이 났다고 해보자. 그때 일어나서 목을 축이는 건 다른 누구도 아닌 자기 자신이다. "미안한데 대신 물 좀 먹여줘"라고 누군가에게 부탁하지 않는 한은 말이다.

만일 다른 사람이 자신보다 더 많이 당신의 일을 대신해주고 있다고 한다면 그 사람에게 한없이 감사해할 것이다.

하지만 그 당사자가 자기 자신일 때 우리는 감사함을 전혀 느끼지 않는다.

'뭐 내 일인데'라며 스스로를 폄하해버리고 만다.

잘 되는 사람은 주변 사람도 소중히 여기지만 그와 동시에 스스로를 아낌없이 소중하게 생각한다.

당신을 위해 가장 애쓰는 사람은 당신 자신이다.

그 사실을 잊지 말고 가끔은 자신을 칭찬해주자.

100일의 질문

자기 자신에게 '고마움'을 전하고 있는가?

숨을 들이마실 때는 자신을 소중히 여기고,
숨을 내쉴 때는 모든 생명체를 소중히 여겨라.

달라이 라마 Dalai Lama

누구에게나 괜찮은 사람이
되려 하지 않는다

돈을 부르는 생각

032

"그 사람 괜찮은 사람이야."

이렇게 말하는 사람들이 많다. 그런데 자세히 관찰해보면 '괜찮은 사람'은 '자신의 입장에서 유리한 사람'이지 '누구에게나 괜찮은 사람'이 아닌 경우가 대부분이다.

그와는 반대로 스스로에게 불리한 경우에는 "저 사람은 이상한 사람이야"라고 단정해버린다.

실제로 주변을 둘러보면 '다른 사람들에게 좋은 평가를 듣고 싶다'는 생각에 지나치게 외부의 시선을 의식해서 진정한 자신을 잃어버리는 사람이 무척 많다. 만나는 사람들 모두에게 항상 괜찮은 사람으로 비춰지기 위해 노력하다 보면 쓸모없이 피로만 쌓이게 된다.

세상 사람들이 말하는 '괜찮은 사람'의 정의는 시대와 정세, 배경이나 상대방의 가치관에 따라 한없이 변화해간다. 그토록 불안정한 타인의 평가를 신경 쓰는 행위에는 종지부를 찍자.

이제 남들이 뭐라 해도 신경 쓰지 않겠다는 결심을 한 순간, 스스로가 의외로 쓸모없는 인간관계를 껴안고 살아왔다는 사실을 알게 된다. 남들이 말하는, 괜찮은 사람이 되지 못한다 해도 우려할 만큼 큰 손실은 발생하지 않는다.

만일 그렇게 해서 누군가가 당신을 싫어하는 일이 있다 해도 그만큼 스스로의 의사로 살아가는 자유를 손에 얻었으니 그걸로 된다.

100일의 질문

누구에게나 맞춰주려 노력하지 않는가?

당신의 삶은 한정적이다.
그렇기에 다른 사람의 삶을 사느라 당신의 삶을 낭비하지 마라.

스티브 잡스 Steve Jobs

싫어하는 사람에게
자신의 소중한 마음을 쓰지 않는다

033

누구나 싫어하는 사람이 자꾸 떠오르고 신경이 예민해져서 잠이 잘 오지 않는 그런 경험을 가지고 있다. 그러나 애석하게도 당신이 전전긍긍하며 잠들지 못한 그 시간에 원인을 제공한 상대방은 코를 골며 곤히 잠들어 있다.

당신에게 아무렇지도 않게 상처를 준 그 사람은 당신이 상처로 고통받고 자신을 용서하지 못한다는 사실에 전혀 신경 쓰지 않는다. 그러기는커녕 당신에게 상처 입힌 사실조차 알지 못할 것이다.

가뜩이나 상처를 입었는데 그 이후에도 인생의 소중한 시간을 허비하는 건 너무 아깝다. 그런 것에 신경 쓰며 시간을 허비할 바에는 공원으로 산책을 나가거나 좋아하는 프로그램을 보거나 스스로를 행복하게 해 줄 일에 시간을 써보자.

인간의 두뇌는 한꺼번에 하나 이상을 생각할 수 없게 되어 있다. 싫어한다는 사실을 잊어버리려고 노력하기보다는 스스로를 행복하게 해주는 것에 마음의 방향을 돌려보자. 그렇게 함으로써 마음이 충만해지고 어느 순간 상대방을 잊는 여유가 생길 것이다.

100일의 질문

자신이 좋아하는 것을 위해 시간을 쓰고 있는가?

다른 사람들이 당신을 어떻게 생각하느냐에 집중해서 살아간다면
당신은 그들의 노예가 될 것이다.

노자 老子

비난의 세계에
다가가지 않는다

자신을 소중하게 여긴다는 말은 위험한 장소에 다가가지 않는 것이라고 해석할 수 있다. 잘 되는 사람은 위기관리 능력이 높아서 스스로를 망치는 쾌락이 무엇인가를 잘 안다.

쾌락 중에 가장 위험한 것은 다른 사람의 비난으로 점철된 세계에 함께 속해 있는 것이다. 성공의 기운을 가진 사람은 절대로 그곳에 자신을 놓아두지 않는다.

신기하게도 다른 사람을 비난하는 사람들은 그런 성향을 가진 사람들끼리 모이게 된다. 그리고 결국에는 조금 전까지 함께 있다가 자리를 비운 사람의 험담을 하게 된다.

인간은 자신과는 달리 빛나거나 활약하는 사람을 보면 어느 정도 질투심이 튀어나오게 된다. 결국 모여서 누군가의 비난에 열을 올린다는 것은 어떤 의미에서 상당히 큰 쾌락에 속하는 행위이다.

물론 탑클래스에 있는 사람은 아무리 신경을 써도 많은 비난을 받게 된다. 인간의 본성을 생각한다면 비난받는 것이 당연할지도 모른다.

그러나 길게 보면, 자신을 비난하는 상대방을 정색하며 쓰러트리려 하지 않아도 사람들은 누군가를 항상 비난하는 이에게서 멀어지게 된다. 세상 사람들은 의외로 상대방의 말을 들으며 나름대로 그의 인간성을 가늠하기 때문이다.

결론부터 말하자면 근거 없는 상황에서 험담을 하는 사람은 자멸하고, 비난받은 사람은 의외로 아무 외상도 없이 살아갈 수 있게 된다.

성공하는 사람은 비난의 세계에는 발을 들여놓지 않는다.

100일의 질문
선한 말이 지배하는 환경 속에 있는가?

다른 사람을 책망하는 것은 무조건 잘못된 것이다.
다른 사람의 영혼에 무슨 일이 있었는지,
무슨 일이 일어나는지 알 수 없기 때문이다.

톨스토이 Lev Tolstoy

자신을
용서한다

돈을 부르는 생각

035

과거의 실패가 트라우마가 되어 전혀 앞으로 나아가지 못하는
사람들이 있다.

사람은 누구나 실수한다. 이 세상에 완벽한 사람은 존재하지
않는다. 이미 일어난 일을 한없이 괴로워하며 끌어안고 있는
행위는 시간을 헛되이 버리는 것과 마찬가지다.

"왜 실패했을까?"라며 원인을 알아내고, "어떻게 하면 다음번에
는 잘 될까?"라고 성공의 방법을 찾아내 보자. 그 순간 이미 일
어난 일은 모두 완결되어 버린다. 스스로를 책망하는 습성은
버려버리자.

매 순간마다 당신은 최선의 선택을 하며 살아왔을 것이다. 스
스로를 비난하는 것은 맞지 않다.

과거의 실패를 경험으로 다음에 성공을 이루었을 때, 과거의

실패는 실패가 아니라 성공을 위한 배움으로 변화한다.

인간은 과거의 자신을 용서할 수 있게 되면 주변 사람도 용서할 수 있게 된다. 결국 잘 되는 사람은 주변 사람의 실수에 대해서도 긴 안목으로 관대하게 대한다.

100일의 질문

필요 이상으로 자신을 책망하지 않는가?

나에게 있어 최대의 영광은 한 번도 실패하지 않는 것이 아니라,
넘어질 때마다 다시 일어나는 것이다.

올리버 골드스미스 Oliver Goldsmith

겸손이 미덕이라는 말이 있다. 우리가 사용하는 언어 속에도 자신을 겸손하게 보이기 위한 표현이 많다.

물론 훌륭한 점도 있다. 그러나 필요 이상으로 겸손함을 의식하면 그 표현이 자신의 마음속에 스며들어 스스로를 폄하해버릴 수 있다.

잘 되는 사람은 겸허하다. "저는 아직 멀었죠"라는 말을 쓴다. 그러나 똑같은 말을 해도 그 속에 근간을 이루는 멘탈리티가 다르다. 스스로에 대한 확실한 자신감을 가지고 있기에 그렇게 말할 수 있는 것이다.

"잘 익은 벼일수록 고개를 숙인다"라는 말이 있다. 하지만 벼는 익기 전에 하늘을 향해 꼿꼿이 커나간다. 그렇게 성장하고 익어가다가 천천히 고개를 숙인다. 성장도 없이 고개를 숙이는 경우는 이미 병들어 있는 벼다. 마찬가지로 스스로 덜 성숙했는데도 겸허한 표현을 쓰는 다른 이를 과도하게 흉내 낼 필요는 없다.

자신이 쓰는 말이나 입버릇은 의외로 우리의 의식에 큰 영향을 준다.

입버릇처럼 "바보같이", "어차피 내가 뭘"과 같은 말을 하지 않도록 하자.

스스로를 인정할 수 있게 되면 자세는 저절로 낮아진다. 그때까지는 자신감을 가질 수 있는 표현을 의식적으로 스스로에게 해주자.

100일의 질문
자신을 폄하하지 않는가?

아무것도 성취하지 못했을지라도 자신을 존경하라.
거기에 상황을 바꾸는 힘이 있으니. 자신을 함부로 비하하지 마라.
멋진 인생을 만드는 첫걸음은 바로 자신을 존경하는 것이다.

프리드리히 빌헬름 니체 Friedrich Wilhelm Nietzsche

우선은
스스로를 자립시킨다

"누군가를 돕고 싶다", "누군가의 도움이 되고 싶다."

직업을 고르면서 이런 기준을 가지는 사람이 있다. 정말 멋진 일이다. 직업을 찾는 젊은이들뿐만 아니라 다른 누군가를 도우면서 일을 하겠다는 사람은 적지 않게 존재한다. 물론 생각은 훌륭하다는 전제하에 그들에게 이런 말을 들려주고 싶다.

"먼저 스스로를 힘들지 않은 상태로 완성시켜놓으라."

인간은 스스로가 불안정한 상태에 빠져있으면 아무리 타인을 돕고 싶다고 생각해도 결코 이루어지지 않는다. 다른 사람의 도움이 되거나 그를 지키기 위해서는 무엇보다 최소한 스스로가 곤란에 빠지지 않을 정신력과 경제력을 가질 것이 우선시된다.

돈과 성공을 끌어당기는 사람은 무엇보다 먼저 스스로의 토대를 확실하게 만들어놓는다. 그리고 그것을 기반으로 우뚝 일어나 주변 사람을 고려한다.

그와 반대로 행동하면 결국 자기희생으로 이어지고 지속가능성이 희박해진다. 무엇보다 선한 생각을 가진 그들이 희생이 되어서는 안 된다.

'다른 사람을 위해 도움이 되고 싶다'는 생각이 있다면 그 뜻을 잊지 말고 우선 스스로 꿋꿋이 자립할 수 있도록 집중하면서 하루라도 빨리 그런 존재가 되어야 한다.

100일의 질문
스스로의 토대를 확실하게 굳히는 데 노력하고 있는가?

남을 위해 사는 것은 누구나 하는 일이다.
나는 당신이 당신 자신을 위해 살기를 요청한다.

랠프 왈도 에머슨 Ralph Waldo Emerson

한가할 틈이
없도록 한다

돈을 부르는 생각

038

성공을 끌어당기는 사람은 언제나 무언가를 지향하며 살아간다. 머릿속은 항상 바쁘게 움직이고 있다. 스스로에게 틈을 주지 않는다.

그렇게 하는 데는 이유가 있다. 사람은 한가해지면 부정적인 생각을 하거나 주변에 신경을 쓰기 쉬워지기 때문이다.

스스로가 하고 싶은 일, 해야만 하는 일에 집중하며 매 순간에 충실하면 주변에 신경을 쓸 겨를이 없어진다.

누구나 '일하는 보람', '살아가는 보람'을 원하지만 사회는 녹록지 않다. 정년 후에 번아웃 증후군에 시달리는 경우도 있다. 그 지향점이 너무 멀리 있는 상황에서는 누구나 지쳐 떨어질 수 있다.

그래도 역시 인간은 무언가를 향해가고 있을 때 언제나 젊고 긍정적인 자세로 살아갈 수 있다.

육아, 일, 취미. 그 어떤 것이라도 좋다. 열중할 수 있는 것을 찾아내고 좋아하는 것에 몰두해보자.

스스로를 항상 바쁘게 만들어야 한다. 그래야 주변 사람과 비교하지 않고 스스로의 인생을 충만하게 살아갈 수 있다.

100일의 질문

삶의 보람이 되는 무언가를 지니고 있는가?

되찾을 수 없는 게 세월이니 시시한 일에 시간을 낭비하지 말고
순간순간을 후회 없이 잘 살아야 한다.

장 자크 루소 Jean-Jacques Rousseau

자신과의 약속을 지킨다

성공을 끌어당기는 사람은 스스로의 존재 방식을 견지하며 행동한다. 자신의 중심축을 최우선으로 삼기 때문에 주변의 의견이나 상식에 휘둘리지 않고 스스로의 의사대로 행동할 수 있게 된다.

그 존재 방식은 '자신만의 미의식'이라 할 수 있다.

자신의 미의식과 부합된다면 어떤 상황이라도 일을 끝까지 해낸다.

거꾸로 부합하지 않는다면 어떤 유리한 조건이 있다 해도 움직이지 않는다.

이런 방식을 굳건히 지키고 있기에 그의 독창성이 빛을 발하게 된다.

"내게 소중한 사람에게 힘든 일이 생겼을 때는 가만있지 않는다. 무슨 일이 있어도 가장 먼저 달려간다."

"먼저 한 약속을 지킨다. 나중에 어떤 좋은 조건의 이야기가 들어와도 처음에 한 약속을 최우선으로 삼는다."

"주변 사람의 의견에 휘말리지 않는다. 스스로의 눈으로 확인한 감각으로 판단한다."

당신은 스스로의 존재 방식을 이처럼 분명하게 언어로 표현할 수 있는가?

물론 마음속으로 명료하지 않은 형태의 생각을 품고 있어도 되지만 더욱 확실한 방법은 말로 표현해보는 것이 좋다. 잘 되는 사람, 잘 되는 회사는 확고한 이념을 가지고 있다. 결국 행동에 일관성이 있는 삶의 방식이 형성되는 것이다.

100일의 질문
자신의 존재 방식을 확실한 말로 표현할 수 있는가?

자신의 본성이 어떤 것이든 그에 충실 하라.
자신이 가진 재능의 끈을 놓아버리지 마라.
본성이 이끄는 대로 따르면 성공할 것이다.

시드니 스미스 Sidney Smith

자신의 좋은 점을
헤아려본다

돈을 부르는 생각

040

인간은 누구나 다 자신을 중요하게 여긴다. 그리고 당신 주변에 있는 사람도 동일하다.

그렇다면 당신은 자신의 어떤 점을 좋아하는지 100가지 정도 말할 수 있을까?

이런 질문을 받으면 그 자리에서 '네'라고 답할 수 있는 사람은 거의 없을 것이다.

필자가 컨설팅에서 사용하는 방법을 소개해보겠다. '내가 좋아하는 것들My Favorite Note'이라는 실행 방식이다.

휴대전화의 메모 기능이나 아무 노트라도 상관 없다. 그 안에 스스로 좋아하는 것, 이제까지 잘 되어온 일, 달성한 것을 떠오르는 대로 써나가는 간단한 작업이다.

어릴 때부터 지금에 이르기까지 기억이 나는 모든 것을 써 내려간다. 의외로 시간이 상당히 걸리는 작업이다. 많은 사람은 이제까지 잘해온 일은 망각해버리고 쉽사리 싫어하거나 좋지 않은 기억에 집착해버리기 때문이다.

그러나 이 작업을 통해 여러 가지 일을 떠올리면서 '나도 꽤 괜찮은걸'이라는 사실을 자각하고 '스스로를 좋아하게' 될 수 있다. '자신을 좋아한다'라고 하면 약간 겸연쩍게 느낄 수 있으니 '자랑스러운 자기 자신을 발견하게 된다'라고 해석해보자.

성공하는 사람은 말로 표현하지 않아도 스스로를 좋아한다는 사실을 자각하며 그런 자신에게 자긍심을 가진다. '내가 좋아하는 것들My Favorite Note'은 혼자서 할 수 있는 작업이니 그 과정에서 자랑스러운 자신을 발견해보도록 하자.

100일의 질문
자신의 좋은 점 100가지를 말할 수 있는가?

탁월한 인물이 가진 특성 가운데 하나는 결코 다른 사람과 자신을
비교하지 않는다는 점이다. 그들은 자신을 자기 자신,
즉 자신이 과거에 이룬 성취와 미래의 가능성과만 비교한다.

브라이언 트레이시 Brian Tacey

스케줄에 여백을 만든다

스케줄표를 분 단위로 쪼개서 빼곡하게 채워 넣은 사람이 있다. 바쁘다는 것은 그만큼 좋은 일이지만 만일 스케줄에 공백이 있을 때 불안감이 느껴지면 주의가 필요하다. 일정을 여백 없이 가득 채워놓으면 정작 '정말로 중요한 일'이 눈앞에 다가왔을 때 그것을 자신의 것으로 만들 수 없다.

성공을 끌어당기는 사람은 스케줄을 짜기 전에 스스로에게 이런 질문을 던진다.

'이 일정이 정말 필요할까?'

'외로운 게 싫어서 짜 넣은 일정은 아닌가?'

'그 일정을 떠올리는 것만으로 가슴이 뛰는가?'

마음속으로 그렇다고 대답할 수 있는 일정만 스케줄에 넣어보자.

잘 되는 사람은 스스로 일정을 짜는 과정이 풍요로운 인생을 보내기 위해 필요한 결정사항이라 여기며 중시한다. 일에서도 사적인 상황에서도 '본연의 자신'을 살아가며 마음의 여유를 지켜간다. 그렇게 함으로써 기회가 다가올 때 큰 힘을 발휘할 수 있게 된다.

빈 시간이 있다는 사실은 결코 적적하다거나 쓸쓸함을 의미하지 않는다. 빈 시간은 마음의 여유를 상징한다. 오히려 일을 잘 해내기 위한 필수사항이라는 사실을 기억하며 적극적으로 일상에 여백을 만들어보자.

100일의 질문
무리한 일정은 짜지 않으려 하는가?

삶에는 속도를 높이는 것보다 더 중요한 것들이 아주 많이 있다.

마하트마 간디 Mahatma Gandhi

100 WAYS OF
THINKING TO
MAKE YOU RICH

부가 굴러들어오는
인간관계 만드는 법

PART 04

'누구나 행복을 향해 가려 한다'는 사실을 잊지 않는다

042

인간에게는 대전제로서 공통된 하나의 진리가 있다. 그것은 "모든 사람은 행복해지기를 원하며 그 방향을 향해 살아간다"는 단순한 진리다.

그가 범죄자이건 차별받는 사람이건 귀족이건 예외 없이 모두 같은 방향을 바라보며 살아간다. 그러나 우리는 이 단순한 원리를 망각하고 자신만 행복을 추구한다고 착각에 빠지기 쉽다.

스스로의 입장만을 우선시하고 상대방은 존재하지 않는 것처럼 여긴다면 인간관계는 어그러지게 된다. 누군가에게 부정당하면 나쁜 감정이 드는 것처럼 상대방도 그렇다는 사실을 잊지 말고 살아가야 한다.

잘 되는 사람은 이 진리를 잊지 않는다. 무엇보다 '어떻게 하면 상대방이 행복해질 것인가?'에 초점을 둔다.

다른 사람을 소중히 하는 사람은 스스로도 그런 대접을 받게 된다. 잘 되는 사람은 이런 이치를 활용해서 우선 상대방을 행복하게 하면서 행복한 상대방으로 인해 스스로도 행복해지는 선순환을 택한다.

행복을 선사하는 상대방은 여러 명이며 그 많은 사람에게 행복을 돌려받는 사람은 자기 자신, 단 한 명이다. 다른 이를 행복하게 만든 그 수만큼 행복을 돌려받을 수 있게 된다.

시선을 약간 돌려보는 것만으로 지금보다 훨씬 더 많은 행복감을 느낄 수 있다.

100일의 질문
다른 사람의 행복을 생각하고 있는가?

해야 할 것을 하라. 모든 것은 타인의 행복을 위해서,
동시에 특히 나의 행복을 위해서이다.

톨스토이 Lev Tolstoy

돈을 부르는 생각

다른 이에게
공을 돌린다

성공은 '오랫동안 길게 가지 않는' 경우와 '계속 지속해가는' 경우가 있다.

그 차이는 '다른 이에게 공을 돌릴 수 있는가 아닌가'에 있다.

잘 되는 사람은 언제나 다른 사람의 매력을 이야기한다.

"최근에 이렇게 멋진 사람을 만났어요.", "지금의 제가 있는 건 그분 덕분이에요."처럼 다른 사람을 무대에 올리는 내용이 중심이 이룬다. 그 무대에 올라온 사람을 주변 사람들도 만나고 싶어지게 만든다.

다른 이에게 공을 돌리는 사람의 일은 잘 풀려나간다. 혹시라도 힘든 일이 생겨도 많은 사람의 도움을 받을 수 있게 될 것이다.

이 법칙은 다른 사람과 대화를 나눌 때도 적용된다.

이야기를 시작하고 나서 오로지 자신의 이야기만 늘어놓는 사람은 성공하지 못한다.

자신에게 기회를 만들어준 사람, 이제까지 자신을 지탱해주고 응원해준 사람, 앞에서 이끌어준 사람들의 이야기를 들려주는 것이 다른 사람에게 공을 돌리는 행위가 된다.

자신의 주변 사람을 매력적으로 이야기해줄 수 있는 사람은 그 누구보다 바로 자신이 매력적으로 느껴질 수 있다는 사실을 기억하자.

100일의 질문

다른 이를 무대에 등장시킬 수 있는가?

당신이 은혜를 베푼 사람보다는 당신에게 호의를 베푼 사람이 당신에게 또 다른 호의를 베풀 준비가 되어 있을 것이다.

벤자민 프랭클린 Benjamin Franklin

간극을 연출한다

세상에서 가장 강력한 힘은 '인간적인 매력'이다. 이 매력을 지니고 있으면 주변에 사람이 모이고 서투른 분야마저 보완해줄 수 있는 힘을 가진다.

그렇다면 인간적인 매력은 무엇에 의해 이루어지는 걸까? 그중 하나는 '간극', 즉 갭이다.

예를 들면 사회적으로 무척 지위가 높은데도 불구하고 누구에게나 친절하고 잰 체하지 않는 사람은 매력적으로 느껴진다.

생각 이상으로 아니면 예상과는 달리 더 좋은 응답이 되돌아올 때 사람은 상대방에게 매력을 느끼게 되어 있다.

부자가 되거나 지위가 높아지면 갑자기 거만해지는 사람이 있다. 흔히들 지위가 높거나 돈이 많으면 거드름을 피워도 된다고 생각하기 쉽다. 흔히 볼 수 있는 부류의 사람들이다.

그런데 "부자인데도 겸손하네"라든지 "저렇게 지위가 높은데도 아랫사람에게 정중하네"처럼 좋은 의미에서 예상을 벗어나게 되면 사람들은 그 간극, 갭에서 매력을 느끼게 된다.

잘 되는 사람은 좋은 의미에서 다른 사람들이 흔히 갖고 있는 이미지를 파괴할 수 있는 사람이다. 자신의 객관적인 이미지를 정확히 이해하고 오히려 반대되는 행동을 함으로써 많은 사람을 매료시켜 가는 것이다.

100일의 질문

다른 이의 예측을 뒤엎는 행동을 하는가?

겸손은 모든 미덕 중 가장 이루기 힘든 것이다.
자신을 좋게 생각하려는 욕망만큼 잠재우기 어려운 욕망은 없기 때문이다.

T. S. 엘리엇 T. S. Eliot

운을
저축한다

'성공한 부자들처럼 운이 좀 좋아봤으면!'

누구나 한 번쯤 이런 생각을 해봤을 것이다. 하지만 대부분 부러워하기는 해도 운이 눈에 보이지도 않는 것이고, 운을 좋게 하는 방법이 있을 리도 없다며 포기해버린다.

이제까지 잘 되는 사람을 관찰해온 결과, 자신 있게 말할 수 있다. 운을 좋게 하는 방법은 존재한다는 사실이다.

운은 타인에게 기쁨을 준 횟수에 비례해서 좋아진다. 잘 되는 사람은 상대방에게 이득을 가져다주게 될 상황을 염두에 둔다. 예를 들어 천 원을 받았을 때 상대방에게 만원으로 되갚아준다면 9천 원만큼의 운이 저축된다.

하지만 대부분은 손해를 보지 않겠다는 생각에 받은 만큼이나 또는 그보다 적게 되돌려주려고 한다. 그렇게 되면 운은 제로에 그치거나 오히려 가지고 있던 운이 마이너스가 되는 손실이 생긴다.

믿기 어려운 이야기이겠지만 한 번 실천해보라.

자신이 받은 것보다 많은 것을 되돌려주려 하는 사람은 자연스럽게 운이 좋아지게 된다.

100일의 질문

상대에게 이익을 가져다주고 있는가?

남을 행복하게 하는 것은 향수를 뿌리는 것과 같다.
뿌릴 때에 자기에게도 몇 방울 정도는 묻기 때문이다.

탈무드

타인에게
안심감을 준다

우리는 운이 좋거나 나쁘다는 말은 자주 쓰지만 그에 관한 이론은 그다지 신뢰하지 않는다. 젊은이들에게 "어떻게 살고 싶어요?"라고 물으면 "잘 살고 싶은데 적어도 손해는 안 보고 싶어요"라고 대답하는 경우를 많이 접하게 된다.

사실 손해를 본다는 것은 눈에 보이지 않는 운을 저축해가는 행위이다. 결국 '손해를 보지 않기 위해 살아가면 운은 절대로 쌓이지 않는' 상황이 되어버린다.

이 말은 주위에 마구잡이로 돈을 뿌리라는 극단적인 이야기가 아니다. 단순하게 말해서 그저 언제나 미소를 잃지 않기만 해도 충분히 운은 쌓일 수 있다.

누군가를 처음 만났을 때 미소를 지으며 부드럽게 대화를 이어나가는 것만으로도 상대방에게 안심감을 줄 수 있다.

반복된 친절은 타인의 감사로 이어지고 그 고마운 마음은 축적되어 직접적인 혜택으로 돌아오게 될 가능성을 만들어준다.

직접적인 기회가 찾아오지 않는다고 해도 주변 사람에게 "이렇게 멋진 사람이 있다"는 평판이 생성될 것이다.

운이 쌓여가는 방향으로 살아가는 사람들은 결과적으로 어떤 형태로든 득을 보게 되어 있다.

잊지 말자. 성공을 이루는 사람들의 삶의 방식은 모두 그 방향을 향해가고 있다.

100일의 질문

호감 있는 태도로 상대방을 대하는가?

자기에게 이로울 때만 남에게 친절하고 어질게 대하지 말라.
지혜로운 사람은 이해관계를 떠나서 누구에게나 친절하고 어진 마음으로 대한다.
왜냐하면 어진 마음 자체가 나에게 따스한 체온이 되기 때문이다.

블레즈 파스칼 Blaise Pascal

비효율적인 것을 외면하지 않는다

세상의 흐름은 보다 효율적인 방향으로 진화되어 간다. 모든 것이 발전하고 진화하면서 우리의 생활도 혜택을 받아 점점 편해져 간다. 무척 감사할 일이다.

하지만 무언가를 얻게 되면 반드시 무언가를 잃게 되는 법이다. 예를 들면 이메일로 연락을 취하는 방식이 발달하면서 마음이 담긴 손편지는 자취를 감추어버렸다.

타인과의 연결도 온라인화되었고 커뮤니케이션도 디지털화가 진전되었다. 모든 것은 온라인화되고 있다.

시대의 흐름이기는 하지만 결국 희소성이 큰 것이 그 가치가 올라가는 측면도 있다. 다른 사람이 온라인으로 문제를 해결하려고 할 때 직접 찾아가 얼굴을 맞대고 이야기함으로써 상대방과의 거리를 좁혀나갈 수도 있다.

역설적이게도 지금 시대의 사람들은 비효율적인 것, 공이 들어간 그 무언가에 매력을 느끼고 있다.

잘 되는 사람은 비효율적인 것을 외면하지 않는다. 아무리 시대가 효율화를 향해간다 해도 역시 공을 들이고 마음이 깃든 정성에는 모두 환호하기 마련이다.

타인의 감동을 자아내는 것은 비효율 속에 그 비밀이 숨어 있다. 그 지점에 힘을 기울임으로써 희소가치와 감동을 자아낼 수 있으며 당신은 선택받은 사람이 되어간다.

100일의 질문

진심을 다하는 행위를 소중히 여기는가?

백 권의 책보다 단 한 가지의 성실한 마음이
사람을 움직이는 더 큰 힘이 된다.

벤자민 프랭클린 Benjamin Franklin

리액션을
잊지 않는다

인간은 누구나 '나를 좋아했으면' '나를 싫어하지 않았으면'이라는 생각을 하며 살아간다. 다만 그것에 얽매어 스스로의 매력을 돋보이기 위해 너무 집착하다 보면 오히려 역효과를 일으킬 수 있다.

그렇다면 어떻게 해야 매력적인 사람이 될 수 있을까?

그 누구도 해보지 않은 굉장한 일을 이뤄내거나 다른 사람이 갖지 않은 특별한 그 무엇인가를 지니는 것도 매력의 한 요소가 될 수 있다. 하지만 더 쉽사리 매력을 올릴 수 있는 가장 간단한 방법이 있다. 그것은 바로 '고개를 끄덕이며 타인의 이야기를 경청하는 것'이다.

얼핏 생각하면 쉬어 보이지만 습관으로 굳어지기까지는 의외로 어렵다. 수긍하며 듣고 있다고 생각하지만 문득 그렇지 않은 자신을 발견할 것이다. 훈련을 시작해보면 처음에는 무척 어렵게 느껴질 것이다.

웃는 얼굴로 고개를 끄덕이며 다른 사람의 이야기를 듣는 행위는 비용이 들지 않는다.

굳이 명품 백을 들지 않아도 비싼 정장을 입지 않아도 미소로 수긍하며 경청한다면 당신은 매력적으로 느껴질 수 있다. 이토록 적은 비용으로 큰 효과를 가져오는 행동은 없다.

잘 되는 사람은 투입된 비용보다 더 높은 효과를 가져오는 모든 행위를 자신의 행동으로 만든다.

돈을 써서 매력을 높이는 행위에도 의미는 있겠으나 우선은 비용도 들지 않고 더구나 간단히 해낼 수 있는 방법을 자신의 것으로 만들어야 한다.

100일의 질문
고개를 끄덕이며 상대방의 이야기를 듣고 있는가?

다른 사람의 이야기를 진지하게 들어주는 경청의 태도는
우리들이 다른 사람들에게 나타내 보일 수 있는 최고의 찬사 가운데 하나이다.

데일 카네기 Dale Carnegie

아낌없이
기쁨을 표현한다

우리는 다양한 사람의 도움을 받으며 살아간다. 세세한 일상의 지원부터 평생 기념이 될만한 서프라이즈 이벤트까지 그 폭은 넓고 다양하다. 타인의 덕택으로 우리는 살아간다고 해도 과언이 아니다. 하지만 익숙해지면 당연시하는 습성이 있는 것도 우리 인간의 특성이다.

잘 되는 사람은 다른 이가 자신에게 무언가를 해 주었을 때 반드시 그 기쁨을 모든 힘을 다해 표현한다. 그 행위가 의식적인가 무의식적인가는 중요하지 않다. 그들은 다른 이들이 베풀어준 것을 잊지 않고 반드시 그것을 되갚는다.

인간은 자신의 행동으로 누군가가 기뻐하는 것을 보면서 다시 기쁨을 느낀다. 자신의 기쁨을 상대방에게 온 힘을 다해 전달하는 행위는 결국 모두를 위함이다.

자신의 행위로 상대방이 상상 이상으로 기뻐해 주면 더욱 행복해진다. 결국 선순환으로 더 많이 기쁨을 주고 싶어지게 된다.

아무리 작은 일이라 해도 다른 사람이 나를 위해 해주는 그 무엇을 당연한 일로 여기지 말아야 한다. 감사를 잊지 않도록 작은 일에도 아낌없이 기쁨을 표현하게끔 의식해보자.

"정말로 감사해요", "감동했어요"

간단한 말이지만 진심을 다해서 표현해보자. 마음이 담겨있을 때 상대방의 반응이 달라지는 것을 체감할 것이다.

이것은 상대방을 기쁘게 하는, 가장 간단하면서도 지금이라도 당장 실행에 옮길 수 있는 방법이다. 한 번 실행에 옮겨보자. 손해 볼 일은 아무것도 없다.

100일의 질문
솔직하게 기쁨을 표현하고 있는가?

감사라는 말은 삶의 윤활유와 같다. 성공이란 오늘 '감사합니다'라는 말을
몇 번 했는지, 오늘 보낸 감사 편지 수에 비례한다. 모든 것에 감사하는 마음으로
살아간다면 감사해야 할 일은 끊임없이 꼬리를 물고 이어질 것이다.

톰 피터스 Tom Peters

항상 좋은 기분을 유지한다

인간은 감정의 동물이다. 주변에서 일어나는 일이나 몸 상태의 변화 등에 따라 기분이 수시로 변하는 경우가 많다.

하지만 잘 되는 사람은 감정의 기복이 거의 없다. 주변에 다른 사람이 있을 때는 가능한 기분이 좋은 상태를 유지하고 그런 마음가짐을 태도로 나타낸다.

'어차피 인간은 감정의 동물인데 뭘'이라는 생각으로 갑자기 태도가 돌변해버리는 사람은 그 순간 성장을 멈춰버린 것이나 마찬가지다. 그뿐 아니라 주변 사람과의 인간관계에도 균열을 일으키게 된다. 지나치게 스스로의 감정을 우선시하게 되면 주변 사람의 에너지를 빼앗는 셈이 된다. 우리가 추측하는 이상으로 감정 변화는 주위 사람의 많은 에너지를 소모하게 만든다는 사실을 기억하자.

감정이 안정되어 있으면 주위에 있는 사람들은 일정한 태도로 그를 대할 수 있다. 그만큼 감정 소모가 적다. 하지만 수시로 감정이 돌변하는 사람에게는 상대방도 그만큼 감정을 소비할 수밖에 없다.

성공을 끌어당기는 사람도 결국 인간이라 감정의 변화는 있지만 스스로의 기분을 다스릴 수 있는 방법을 알고 있다. 그들은 기분이 안 좋다고 느끼는 순간 다음의 두 가지 방법을 쓴다.

첫 번째는 되도록 그 자리를 벗어나는 것이다. 두 번째는 평상시 같은 텐션을 유지하지 못하는 이유를 주변에 전하는 것이다.

인간의 마음은 섬세하다. 상대방의 기분이 좋지 않으면 본인에게 문제가 있는지 마음을 졸이게 된다. 서로 쓸데없는 감정 소모를 하지 않도록 배려하는 마음가짐이야말로 부와 성공의 기반 조건이다.

100일의 질문
자신의 감정을 인식하고 있는가?

바깥세상은 우리 마음대로 활 수 없어도 우리 마음은 마음대로 할 수 있다.
이것을 알면 힘이 생길 것이다

마르쿠스 아우렐리우스 Marcus Aurelius

윗사람을
대접한다

사회는 다양한 연령층으로 구성되어 있다. 사회에는 역사를 통해 수많은 사람의 행동으로 형성된 암묵의 문화라는 것이 존재한다.

예를 들어 부하직원이나 젊은 세대와 함께 식사를 하면 윗사람이 비용을 내거나 최소한 더 많이 지불하는 경우도 그에 해당할 것이다.

잘 되는 사람은 대부분 윗사람의 신뢰가 두텁기에 그만큼 함께 식사하는 경우도 많아진다.

돈과 성공을 부르는 사람과 그렇지 않은 사람의 분기점은 그들과 함께 하는 행동의 차이로 결정된다.

그것은 바로 이 지점이다.

성공하는 사람은 윗사람을 대접한다.

단순한 접대가 아니라 마음을 담아서 함께 식사를 한다. 윗사람을 접대할 때 저렴한 가게에 초대할 수도 없고 그렇다고 고급스러운 가게로 가면 더욱 부담될 것이다. 무엇보다 후자의 경우 윗사람이 신경을 쓰게 되고 결국 그가 지불하는 상황이 될 수도 있다. 결국 상대방에게 부담을 주게 되는 결과가 된다. 잘 되는 사람은 금액이 합리적인 런치타임에 윗사람을 초대한다. 그리고 먼저 지불을 한 후에 "오늘도 많은 공부가 되었습니다. 수업료 겸 제가 냈습니다"라는 형식을 취한다. 결국 윗사람에게도 명분이 생기므로 스스럼없이 받아들일 수 있게 된다.

잘 되는 사람의 마음은 여러 방향, 그리고 구석구석에까지 뻗쳐있다. 결국 그들의 마음 씀씀이는 윗사람의 적극적인 후원으로 이어지게 된다.

100일의 질문
윗사람의 입장을 배려할 수 있는가?

예절이 갖는 힘을 체득하라. 두 배의 가치가 돌아온다.
예절의 기술은 모든 인간관계를 향상시킨다.
발타자르 그라시안 Baltasar Graciàn

네 번의 감사를
표현한다

돈을 부르는 사람은 감사의 달인이다. 많은 사람에게 감사를 표현하는 것은 물론이고 달인이라는 명칭에 걸맞은 또 한 가지의 특징을 보인다.

도움을 준 사람에 대한 감사의 횟수가 많다는 점이다.

잘 되는 사람은 도움을 받았을 때 우선 첫 번째 감사를 전한다. 그리고 일이 잘 진행되어 결과를 얻었을 때 두 번째 감사를 전한다.

여기까지는 대부분의 사람들이 실행하고 있는 행동일 것이다.

돈을 부르는 사람의 감사는 그다음 행동부터 빛을 발한다.

이후에도 꾸준히 결과를 보고하면서 그때마다 감사를 잊지 않는다. 그것이 세 번째 감사이다.

그리고 네 번째는 도움을 준 사람, 또는 그 사람의 주변 사람이 곤란에 처했을 때 은혜를 갚을 기회라고 생각하며 한걸음에 달려간다. 그리고 행동을 통해 네 번째 감사를 표현한다.

흔히 사람들은 도움을 받은 그 순간, 또는 어떤 혜택을 받은 때만 감사를 표현한다.

하지만 부와 성공을 끌어당기는 사람은 한 번 도움을 준 사람이 베풀어준 은혜를 절대 잊지 않는다. 그리고 행동을 통해 거듭 감사를 전한다.

결국 다른 사람의 신뢰를 얻게 되고 그리고 더욱 크나큰 응원을 받게 되는 것이다.

100일의 질문

도움을 주었던 사람에게 지금도 감사의 마음을 전하고 있는가?

감사하고 받는 자에게는 풍성한 수확이 따라온다.
말만으로서 감사하는 것은 믿을 만한 것이 못된다.
진정한 감사는 마음으로 감사하고 행동으로 나타내라.

윌리엄 블레이크 William Blake

'반드시'를 줄인다

"반드시 이렇게 해야만 해."

이런 말을 스스로에게 한다면 살아가는 방식이 되지만, 다른 사람에게 쓰면 인간관계가 소원해지기 쉽다. '반드시'라는 한 가지 답만 좇다 보면 하나의 선택지를 제외한 나머지 모든 것을 부정해 버리는 셈이 된다. 또한 단 하나의 정답만을 고집하는 서로가 맞붙게 되면 정답을 관철시키기 위한 다툼이 일어나 버린다. 그 상황이 커지면 극단적으로는 전쟁까지도 일어날 수 있는 상황에 이른다.

'반드시 이렇게 해야만 한다'는 관점으로 상황을 바라보고 그것이 습관화되면 더 나은 방법이 시야에 들어오지 않게 된다.

잘 되는 사람의 사고 방식에는 유연성이 존재한다. 주변 사람의 의견을 잘 듣고 "그렇네, 그런 방법도 있었네"라며 다양한 의견을 일단 수용하고 찬찬히 음미한다. 그 후에 결과로써 도출된 대답이 타인의 의견일지라 해도 그쪽을 선택한다.

신체뿐만 아니라 마음에도 유연성이 필요하다. 유연한 사고방식을 가진 사람은 일이 잘 풀려나갈 수밖에 없다.

100일의 질문

다른 사람의 의견을 받아들일 수 있는 유연성을 가지고 있는가?

잘못 취한 어떤 입장이나 꾸며낸 냉정의 태도에는
그것을 고집 부리게 하는 마력이 있다. 흡사 신경질적인 사람이 병자인
체하다가 마침내 정말로 병자가 되어 버리듯이 말이다.

마르셀 프루스트 Marcel Proust

자화자찬하지 않는다

자신의 우월감을 내세우는 사람이 많다. 하지만 아무리 훌륭한 일을 해냈다 해도 우월감을 내세워봤자 자신에게 이득이 될 일은 아무것도 없다.

우월감은 말하는 방식에서 드러난다.

잘 되는 사람은 결코 자화자찬하지 않는다. 오히려 적극적으로 스스로의 실패담을 재미나게 들려준다.

앞에서 걸어가는 사람은 숨겨져 있는 함정의 위치를 이미 알고 있기에 이후에 올 사람들에게 자신의 성공담이 아닌, 실패담을 그들의 시선에 맞추어 들려준다.

듣는 이들에게 그 이야기는 언제나 신선하며 온화한 마음의 깊이와 애정의 크기를 느끼게 해 준다.

아울러 실패담만 전하는 것이 상대방에게 별 도움이 되지 않는다고 판단했을 때는 성공의 법칙도 함께 곁들어 들려준다. 단, 자신의 성공체험이라 할지라도 다른 누군가의 체험인 것처럼 돌려 말한다. 결국 제3자의 시선으로 상대에게 이야기를 전해주면서 자기 우월적인 시선이 아닌, 공감할 수 있는 분위기를 만들어내는 것이다.

약간의 성공에 심취해서 금세 으스대는 사람이 많지만 그의 성공은 오래 지속되지 못할 수도 있다.

인간의 감정은 지극히 섬세하다. 누군가의 위에 서서 우월감을 나타내려 하지 말고 수평적인 커뮤니케이션을 유지해보자.

100일의 질문

자신의 실패담을 웃으며 말할 수 있는가?

세상을 뒤덮을 만큼 큰 공로도 뽐낼 긍矜자 하나에는 당하지 못하고,
하늘에 가득 차는 허물일지라도 뉘우칠 회悔자 하나를 당하지는 못하느니라.

채근담 菜根譚

어떤 상대에게도
기죽지 않는다

돈을 부르는 생각

055

이제까지의 인생 속에서 동경하던 사람이나 자신보다 훨씬 지위가 높은 사람을 만난 적이 있을지 모른다.

그런 상황이 다시 찾아온다면 반드시 상대방에게 밀리지 않을 자신감과 긍지를 가지고 대해보라. 상대가 그 누구이건 간에 우리는 모두 인간이다. 당신은 당신의 인생을 살아왔으니 저자세로 나갈 필요는 전혀 없다.

그렇다고 해서 상대방에게 건방진 태도를 보이라는 것은 절대 아니다. 대하는 상대방이 누구이건 경의로써 대하는 것은 인간이 갖추어야 할 최소한의 예의다.

하지만 당신이 저자세로 나오지 않는다고 기분 나빠할 상대방이라면 더 이상 깊은 관계를 맺을 필요가 없다.

상대방이 진정 수준이 높다면 당당한 태도로 자신을 대하는 당신의 흐트러짐 없는 자세에 흥미를 느낄 것이다.

마음으로 존경하는 은사님은 항상 이렇게 말해주셨다.

"원래 이 세상에 거만함이 용납되는 이는 단 한 명도 없네. 직함을 빼고 나면 원래 똑같은 인간이니 말일세. 자네도 상대가 누구든 겁먹지 말고 단단하게 자신감을 가지고 대하게나. 그럴 때는 무엇보다 상대방도 자기 자신도 모두를 소중하게 대하겠다는 마음가짐이 중요하다네. 상대방이 얕잡아볼 수 있는 비굴한 태도로 대하는 건 정말 안 되네."

부와 성공을 끌어당기는 사람은 상대가 아무리 지위가 높은 사람이라도 자신감을 가지고 당당하게 대한다.

100일의 질문
상대방의 직함에 압도되지 않는가?

절대로 고개 숙이지 마십시오.
세상을 똑바로 정면으로 바라보십시오.

헬렌 켈러 Helen Keller

독점하지 않는다

필자는 상업을 하는 집에서 태어나 장사하는 분들 속에서 유소년기를 보냈다. 1980년대 말이었다. 그때 가장 많이 들었던 말은 "기업이나 가게의 비밀을 중시하라"는 것이었다. 당시는 사회 전체에 활기가 돌았고 비즈니스는 경쟁이라는 분위기가 확연했다.

하지만 시대는 변했고 이제는 '공유'라는 단어가 자주 사용된다. 결국 좋은 것은 모두가 함께 공유한다는 의미다.

이런 상황에는 시대의 배경이 깔려 있다.

정보의 시대이기 때문이다. 예를 들어 어떤 노하우를 손에 넣게 되면 그것을 비밀로 해봐야 결국 인터넷 검색을 통해 그 정도의 노하우는 찾아낼 수 있게 되었기 때문이다.

성공하는 사람은 공유를 좋아한다. 계속해서 성취를 이루어내는 사람은 "이건 나만의 것이야"라며 독차지하려 하지 않는다.
우선은 스스로 발견해낸다. 그리고 세상에 공개한다. 그리고
또 다른 새로운 발견을 위해 나선다. 언뜻 보면 손해 보는 행동
같지만 사실은 그렇지 않다. 공유하는 사람에게는 '신용', '은혜'
그리고 '감사'라는 재산이 남게 되고 결국은 사람을 얻게 된다.
'이걸 공유하면 많은 사람이 행복해진다'
이런 풍요로운 마음속에는 사람이라는 대체 불가능한 재산이
모여들게 된다.

거리낌 없이
행동한다

예전에 동료들과 '배려'에 대해 이야기할 기회가 있었다. 그러다가 '배려란 거리낌 없이 행동하는 것'이라는 결론에 도달했다.

예를 들면 당신이 무척 좋은 물건을 손에 넣었다고 해보자. 그럴 때 '이렇게 좋은 물건이니 사람들한테 알려줘야지'라고 생각하는 사람은 의외로 적고 '좋기는 한데 굳이 권하는 건 민폐야'라고 생각하는 사람이 많을 것이다.

진정 상대방의 상황을 알아서 굳이 전하지 않았다면 문제가 없겠지만, '싫어하면 어쩌지', '뭐라 하면 어쩌지'라며 스스로 상처 입지 않을 방편이었다면 무척 안타까운 일이다.

물론 갑자기 "이거 한 번 사보세요"라고 상대를 조른다면 문제가 있겠지만, 만일 그에게 도움이 되는 정보라면 그것을 전하지 않은 행위는 상대방의 선택지를 박탈한 셈이 된다. 결국 지나치게 파고들어 가는 것도 좋지 않지만 과도하게 거리를 두는 것도 옳지 않다.

만일 자신이 가진 정보나 상품이 상대방에게 도움이 된다면 유료이건 무료이건, 스스로에게 도움이 되건 안 되건 모든 것을 불문하고 우선 그 정보를 전달해보자.

그것을 받아들이는가는 상대방에게 달려 있으며 멋진 정보를 알려줘서 고맙다는 인사를 받을 수도 있다.

돈을 부르는 사람은 상대방에게 그것이 좋은 영향을 미친다면 거리낌 없이 행동한다.

100일의 질문
상처 주지 않을까 하는 두려움에 뒷걸음치지 않고 있는가?

한꺼번에 선행을 하려고 미루는 사람은 어떠한 선행도 하지 못할 것이다.

사무엘 존슨 Samuel Johnson

선한 마음을 가둬두지 않는다

이런 상황이 있다고 가정해보자. 직장에서 따돌림을 당하는 사람이 혼자 힘든 업무를 껴안고 고군분투하고 있지만 아무도 도와주지 않는다.

도와주고 싶지만 섣불리 다가갔다가는 다른 동료들에게 자신도 따돌림을 당할까 봐 주저하게 된다.

그런 경험을 가지고 있는가?

코칭이나 컨설팅을 하면서 이 질문을 던지면 의외로 눈물을 흘리는 직장인들이 있다는 사실에 놀라게 된다. 스스로 용기가 없음을 자책했던 사람이 상당수 있다는 사실이다.

사람은 누구나 선한 양심을 가지고 있다. 결국 스스로의 내면에 있는 선한 마음을 표출하지 못하면 스스로에게 내상을 입히게 된다.

부와 성공을 부르는 사람은 자신이 돕고 싶다고 생각한 순간 주저하지 않는다. 주변의 시선을 신경 쓰지 않고 스스로의 마음을 가장 우선시하며 행동으로 옮긴다.

어떤 공격을 받을지라도 스스로의 마음속에서 선한 기운이 솟구쳐오른다면 참지 말고 다른 이를 위해 행동해 보라.

비판하는 사람보다는 당신의 선한 마음으로 구원될 그 사람의 미소만을 보며 앞으로 나아가 보자.

100일의 질문

주저하지 않고 다른 이를 도와주고 있는가?

얼마나 많이 주느냐보다 얼마나 많은 사랑을 담느냐가 중요하다.

마더 테레사 Mother Teresa

사람은 모두
이해받고 싶어한다는 사실을 안다

당신이 관계되어 있는 일로 두 사람과 각각 이야기를 나눈다고 해보자. 이럴 경우 사람은 스스로에게 유리한 쪽으로 말해서 대화 상대를 자기편으로 만들려는 경향이 있다. 자기 방어 본능 기제가 작동하기 때문이다. 한쪽의 말만 듣고 상대편이 나쁘다는 생각에 공격해버리는 사람도 적지 않다.

하지만 성공하는 사람은 한쪽의 이야기만을 듣고 행동에 옮기지 않는다. 양쪽 의견 모두를 경청한다. 누구나 자신의 입장에 따라 말을 달리한다고 생각하기 때문이다.

그렇다면 두 사람의 의견을 듣고 나서 판단을 내릴까? 현명한 사람은 그렇게 하지 않는다. 어디까지나 이야기를 들어줄 뿐이다. 어느 쪽의 의견에 휩쓸리게 되면 원래는 두 사람의 논쟁으로 끝날 일에 많은 사람이 휩쓸려 들어가 큰 혼란이 일어날

지도 모르기 때문이다.

현명한 사람은 양쪽의 이야기를 듣고 그 감정을 이해하며 누그러뜨리는 노력을 한다.

"모든 사람은 자신이 가장 소중하다. 그리고 자신을 이해해 주기를 원한다. 결국 사람은 자신을 인정해주는 사람에게 호감을 느끼게 된다."

이것은 인간의 공통된 심리다.

어떤 상황에 처하더라도 인간은 자신을 이해해주기를 원한다. 고립감에 대한 불안은 판단을 흐리게 만들어버린다. 만일 단 한 사람이라도 자신을 마음속으로 이해해줄 수 있는 사람이 있다면 그것만으로도 인간은 안심하게 되고 감정을 추스릴 수 있다.

잘 되는 사람은 바로 그 단 한 사람이 될 수 있는 존재이다.

100일의 질문

한쪽의 의견만을 듣고 판단하지 않으려 하는가?

이해하려고 노력하는 행동이 미덕의 첫 단계이자 유일한 기본이다.

바뤼히 스피노자 Baruch Spinoza

100 WAYS OF
THINKING TO
MAKE YOU RICH

성공을 두 배, 세 배로 키우는
습관 만드는 법

PART 05

긍정을 버릇처럼 익힌다

돈을 부르는 생각

060

사람의 마음속에는 그만의 독특한 사고패턴이 있다. 긍정적인 사람은 어떤 곤란한 일이 있어도 한 줄기 빛을 찾아내지만, 부정적인 사람은 눈앞에 펼쳐진 꽃밭에서도 동물의 배설물을 발견한다.

존경하는 유명인사에게 이런 가르침을 받은 적이 있다.

'매사 긍정, 매사 감사.'

문자 그대로 모든 존재나 일어나는 일을 긍정하고 그것에 감사한다는 의미의 표현이다.

"갑자기 사고 방식을 바꾸려고 하는 것이 힘들면 우선 소리를 내서 표현하는 것만으로도 괜찮다네. 그러면 생각이 점점 그렇게 바뀔 테니."라는 말을 듣고 혼자서 '매사 긍정, 매사 감사'라며 혼자 중얼거리게 되었다.

말의 힘은 진정 위대하다. 그저 아무 생각 없이 입버릇만으로 되뇌어도 그 말 그대로 정말로 매사가 긍정적으로 보이고 감사하는 마음이 솟아오른다.

인간의 사고는 간단하게 바꿀 수 있는 것이 아니다. 갑자기 사고 방식을 바꾸려고 해도 잘 안 되는 경우에는 항상 되뇌는 말을 바꿔보는 것만으로도 사고는 서서히 변화해간다.

말은 현실로 이어진다. 당신이 평소에 사용하는 말이 인생을 만들어내고 있다.

100일의 질문

부정하는 버릇을 없애려 하는가?

우주의 기운은 자력과 같아서 우리가 어두운 마음을 지니고 있으면
어두운 기운이 몰려온다. 그러나 밝은 마음을 지니고 긍정적이고
낙관적으로 살면 밝은 기운이 밀려와 우리의 삶을 밝게 비춘다.

법정 스님

말이 가진 힘을 중요시한다

인간은 말로 사고하고 말로 커뮤니케이션한다. 잘 되는 사람은 말이 가진 힘을 이해하고 소중히 여긴다.

말은 마음의 방향이다.

예를 들면 당신이 하루에 100개의 표현을 사용한다고 상정해보자. 그 가운데 10%가 마음을 밝게 만드는 긍정적인 표현, 그리고 90%가 어두운 부정적인 표현이라고 해보자. 이 경우는 10-90 = -80이 된다.

방향으로 생각해보자. 부정적인 표현이 긍정적인 표현을 넘어서면 아무리 마음속으로 '행복해지고 싶어'라고 빌어도 마음은 그와는 거꾸로 부정적인 방향을 향하게 된다.

이 공식을 고려할 때 51%라도 좋으니 긍정적인 표현으로 마음을 채워나가는 것만이 행복의 방향으로 나아갈 수 있는 방법이다.

어떤 말을 접하고, 듣고, 입에 담는가에 따라 인생에서 벌어지는 일이 크게 바뀌어간다.

잘 되는 사람은 스스로 표현하는 말뿐 아니라 주변에서 듣는 말도 엄격하게 판단한다. 말이 놓여있는 주변 환경을 정리함으로써 스스로의 마음이 좋은 방향으로 향하게 되고 일어나는 현상이 바뀌고 목표했던 일이 좋은 방향으로 나아가게 된다.

부와 성공을 끌어당기는 사람은 즉, 말의 힘을 이해하고 적절히 사용할 줄 안다.

100일의 질문

긍정적인 표현을 쓰고 있는가?

리더들이 제일 먼저 극복한 것은 외부적인 것이 아니라,
'나는 못한다. 나는 재능이 없다. 내가 해서는 안 된다'는 두려움이었다.
기본적으로 인간 능력의 한계는 없다.

스티븐 코비 Stephen Covey

입버릇처럼 "나는 운이 좋아"라고 말한다

인간은 누구나 '나는 이런 사람이야'라는 자기상을 가지고 있다. 스스로 품고 있는 자신의 모습은 다른 사람에게 "너는 이런 사람이야"라는 평가를 받는 것보다 더 큰 영향력을 가지고 있음에도 우리는 그 부분을 간과하고 있다.

잘 되는 사람은 자신이 내뱉는 말에 신경을 쓴다.

"자신이 하는 말을 가장 많이 듣는 것은 다른 사람이 아닌 바로 자기 자신이다"라는 사실을 잘 알고 있기 때문이다.

주변에서 잘 되는 사람을 보면 "나는 운이 좋아"라는 말을 자주 쓴다. 자신에게 어떤 불운이 닥치는 상황에서도 말이다. 자기 자신에게 "나는 운이 좋아"라고 들려주기 위함이다.

말과 뇌의 관계는 신비롭다. 운이 좋다는 스스로의 말을 들으면 뇌는 질문을 하게 되고 검색을 시작한다. 뇌는 저절로 운이 좋은 이유를 찾게 되고 여러 가지 요인을 찾아내는 것이다. 말이 마음에 미치는 영향은 가늠할 수 없을 정도로 막대하다.

결국 잘 되는 사람은 '마음이 우선, 말이 나중'이 아니라 '말이 우선, 마음이 나중'이 된다.

"태초에 말이 있었다"라는 유명한 표현처럼 옛날부터 잘 되는 사람은 우선 스스로가 발화하는 말을 항상 의식하며 멋진 미래를 만들었던 것이다.

"나는 운이 좋아"

말은 비용이 들지 않는다. 반드시 입버릇처럼 되뇌며 인생의 방향을 변화시켜보자.

100일의 질문
스스로 운이 좋다고 생각하는가?

여러분 자신에게 긍정적인 이미지를 불어넣고 싶다면
다음 세 문장을 매일 아침 외쳐라.
"나는 오늘 기분이 좋다! 나는 오늘 건강하다! 나는 오늘 너무 멋있다!"

W. 클레멘트 스톤 W. Clement Stone

타인을 격려한다

살아가다 보면 잘 되는 때도 있지만 일이 잘 풀리지 않을 때도 있다.

"긍정적인 말을 씁시다"라고 해도 실제로는 그렇게 잘되지 않는 경우가 많다. 일이 잘 풀리지 않을 때 무리해서 긍정적인 말을 쓴다 해도 비참한 기분이 들거나 자기부정의 기운이 스멀스멀 올라올 수 있다.

그런 경우에는 효과적인 방법이 있다.

"괜찮아. 너는 잘될 거야"라는 말을 되뇌는 것, 즉 다른 사람을 격려할 때 쓰는 표현을 자신에게 들려주는 것이다.

뇌는 주어를 구별하지 않는다. 자신이 아닌 다른 사람에게 "잘될 거야"라는 말을 해도 잠재의식 속에서는 스스로를 격려하는 것과 동일한 현상이 일어난다.

도저히 스스로를 칭찬할 수 없을 때는 약간 방향을 틀어서 타인에게 따뜻한 말을 걸어보는 것이 효과적이다. 잘 되는 사람은 자신만이 아니라 주변 사람에게도 항상 온기가 느껴지는 말을 건네려고 노력한다.

자신만이 아니라 타인에게도 "잘 될 거야"라는 말을 하다 보면 "나는 잘될 거야"라는 생각이 더욱 강력해진다. 자신만이 아니라 주변 사람에게도 기쁨을 주게 되면 그 격려가 스스로에게 다시 돌아온다. 성공하는 사람은 다른 사람에게 힘을 줌으로써 스스로에게 응원을 보낸다.

100일의 질문

주변 사람들에게 따뜻한 말을 전하는가?

우리는 누구나 칭찬이라는 말로 인하여, 하고자 하는 의욕이 생긴다.

키케로 Marcus Tullius Cicero

말하는 사람의 의도를
파악하는 습관을 기른다

064

인터넷이나 뉴스를 보면 '○○가 없으면 노후는 생고생' '연수입 ○○만 원 이하가 살아야 하는 비참한 미래' 등 사람들의 불안감을 부추기는 정보가 넘쳐난다. 정보를 확인하고 불안감이 해소된다면 좋겠지만 '이 문제를 해결하려면 클릭'이라는 문구에 넘어가 큰돈을 날리게 되는 경우도 있다.

"그런 거에 걸려들어 가는 사람이 어디 있다고"라고 할지 모르겠으나 인간은 눈앞에 불안이 닥치면 사고가 정지해버리는 경향이 있다. 이렇게 발생하는 피해액은 해마다 증가하고 있다.

극단적일 사례일 수도 있겠으나 일상에서 누구나 겪을 수 있는 불안감을 부추기는 행위에 우리는 어떻게 대처해야 할까?

인터넷에서 접하는 정보의 대부분은 SNS에서 발신되는 '개인의 견해'에 불과하다. 성공하는 사람이 의식하는 것은 정보의 근원, 즉 발신자의 의도이다.

돈을 불러들이는 사람은 출처가 불분명한 개인의 소감은 쉽사리 신용하거나 받아들이지 않는다. 모든 정보에는 '주목을 끌고 싶다'거나 '돈을 벌 수 있다'라는 발신자의 감추어진 의도가 있다는 사실을 알고 있기에 필요 이상의 정보에 자극되지 않고 스스로의 의사로 판단한다.

인생의 시간은 한정되어 있다. 무수히 많은 정보에 귀한 시간을 낭비하지 말고 그 속에 감춰있는 의도를 파악하여 필요한 것만을 선택하도록 하자.

책을 가까이한다

인터넷의 경이로운 발전에 따라 우리 일상에는 수많은 정보가 흘러들어오게 되었다. 그뿐만 아니라 일반인인 우리도 정보를 발신하는 수단을 손에 얻게 되었다. 지극히 편리하기도 하면서도 근거도 없는 정보에 많은 사람이 휘둘리는 일도 빈번하게 일어나게 된다.

수많은 정보가 난무하는 가운데에서도 잘 되는 사람은 변함없이 책을 손에서 놓지 않는다.

그 이유로 세 가지를 들 수 있다.

하나는 책은 출판되기까지 다양한 사람의 검증을 거치기 때문이다. 정보는 정말 근거가 있는가? 근거의 출처는 무엇인가? 이런 작업을 거쳐야만 비로소 책으로 완성되어 서점에 진열된다.

또 한 가지는 책 속에 들어 있는 콘텐츠의 양이다. 책 한 권을 세미나로 간주하면 약 10시간의 정보가 들어가는 셈이다. 더구나 책의 가격을 생각할 때 투자 대비 효과는 파격적이다.

마지막으로 문자를 읽고 유추하는 동안 상상력이 높아지면서 스스로의 두뇌로 사고하는 훈련이 가능하기 때문이다.

정보의 정확성, 투자 대비 효과, 그리고 상상력의 향상. 수많은 정보가 쏟아져 나오면서 결국 정보의 취급, 그리고 취사선택의 힘은 우리에게 필수적인 능력 중 하나가 되었다. 책은 세계에서 가장 오래된 미디어이며 세상을 바라보는 시선을 바꿀 수 있는 가장 신뢰성이 높은 매체이다.

100일의 질문

독서하는 습관을 가지고 있는가?

내가 세계를 알게 된 것은 책에 의해서였다.

장 폴 사르트르 Jean-Paul Sartre

마음에 울림을 주는 책은 반복해서 읽는다

066

이전에 필자는 어떻게든 성공하기 위해 여러 책을 닥치는 대로 읽다가 결국 읽는 행위에만 만족하고 행동으로 옮겨가지 못하는 상황에 빠져 버린 적이 있다.

그때 인생의 스승님이 이런 말씀을 들려주셨다.

"다양한 책을 이것저것 읽기보다는 마음에 울림을 준 책을 최소한 일곱 번 읽어보게나"라는 가르침이었다.

그 말씀은 엄청난 성과를 가져다주었다.

마음에 울림을 준 책을 두 번, 세 번, 네 번 반복해서 읽는 동안 점점 행동에 변화가 생기기 시작한 것이다.

그리고 또 한 가지. 인간은 성장해 나가는 존재라 반년 후, 1년 후에는 지금과 다른 과제와 맞닥트리게 될 것이고 그 해법을 찾아야 한다. 그럴 때 책이라는 존재는 신비로워서 처음에 읽었을 때 어떤 느낌도 오지 않았던 부분이 반년 후에 거듭 읽었을 때 '이런 문장이 있었나? 어째서 몰랐지'라며 전혀 다른 부분이 눈에 들어오게 된다. 그 부분이 바로 지금 자신에게 가장 중요한 지점이기에 눈에 뜨인 것이다. 결국 성장했다는 증거가 된다. 마음에 울림을 주는 좋은 책은 성장의 척도가 되어준다.

좋은 책을 거듭해서 읽다 보면 어느 날 갑자기 길이 보이는 순간이 반드시 찾아온다. 어느 순간 그 책에 있는 내용을 다른 사람에게 들려줄 수 있게 된다. 그렇게 되면 마음의 울림을 가져다준 그 책은 온전히 당신의 것이 된다.

잘 되는 사람은 좋아하는 책을 거듭해서 읽는다.

마음에 울림을 주는 책이 있다면 한 번에 그치지 말고 되도록 거듭해서 읽어보자.

100일의 질문

내용을 암기할 만큼 반복해서 읽은 책이 있는가?

오늘의 나를 있게 한 것은 우리 마을 도서관이었다.
하버드 졸업장보다도 소중한 것이 독서하는 습관이다.

빌 게이츠 Bill Gates

행동하는 힘을 기른다

수많은 사상가, 철학자, 성공한 사람들은 '행동하는 힘'의 중요함을 계속 강조해왔다.

행동하는 사람은 반드시 무언가를 얻게 된다. 그 일이 아무리 실패로 끝났다고 해도 최소한 배움을 얻을 수 있게 된다.

어떤 행동도 하지 않는 사람은 실패도 하지 않지만 아무것도 얻을 수 없다. 그에게 남는 것은 결국 후회밖에 없다. 그의 인생에서 가장 큰 실패라 할 수 있다.

일본인의 평균적인 도전 행위의 횟수는 1회를 밑돈다고 한다. 이 말은 '단 한 번의 도전도 없이 인생을 마치는 사람이 대부분' 이라는 셈이다.

세상에는 뛰어난 재능과 능력을 갖추고 있는 사람이 많다. 왜 그 능력을 쓰지 않을까라는 의문이 들 정도로 뛰어난 사람이 너무 많다.

스스로 지금 시점에서 능력이 부족하다고 느끼더라도 행동에 옮기지 않으면 그 어떤 것도 시작되지 않는다.

처음부터 너무 큰 목표를 좇지 않아도 좋다. 할 수 있는 일부터 시작해보자. 우선은 한 걸음을 내딛는 것이 중요하다.

그렇게 한 걸음씩 내디디면서 스스로의 행동하는 힘을 연마해 간다면 당신은 이미 원하는 그곳에 가 있을 것이다.

100일의 질문
도전정신을 중시하는가?

앞서가는 방법의 비밀은 시작하는 것이다.
시작하는 방법의 비밀은 복잡하고 과중한 작업을 할 수 있는 작은 업무로 나누어
그 첫 번째 업무부터 시작하는 것이다.

마크 트웨인 Mark Twain

행동의 양을
늘린다

돈을 부르는 생각

068

행동하는 힘이 얼마나 중요한지를 이야기했지만, 행동에 대한 즉각적인 성공은 기대할 수 없다. 행동은 실패를 불러올 수도 있고 특히나 처음에는 실패로 점철된 나날을 보낼 수도 있다.

중요한 점은 그 실패로 좌절해서는 안 된다는 점이다. 성공률을 따지는 건 그보다 한참 후의 일이 될 수 있다.

현시점에서 열 번째 타석에 올랐다고 하자. 한 번 안타를 치게 되면 타율은 1할이 된다.

그런 상태에서 타석에 올라가 천 번의 기회를 가진다면 백 번의 안타를 칠 수 있는 셈인데 실제로는 그렇지 않다.

아무리 헛방망이를 휘두른다고 해도 타석에 연속해서 천 번 올라서게 된다면 조금씩 그 실력이 향상된다.

결국 요령이 늘고 비법을 터득하게 되면 1할이었던 타율이 2

할, 3할로 올라가고 결국 홈런까지 칠 수 있게 된다.

이처럼 어떤 행동을 할 때 무엇보다 중요한 것은 그 '행동의 양'이다. 양의 증가가 질의 변화를 가져오는 '양질전화의 법칙'처럼 압도적인 행동의 양은 반드시 질적인 성장을 가져오게 된다.

그날을 위해 실패를 두려워하지 말고 행동을 거듭해보자.

100일의 질문
실패를 두려워하지 않고 계속 도전하고 있는가?

실패한 사실이 부끄러운 것이 아니다.
도전하지 못한 비겁함은 더 큰 치욕이다.

로버트 H. 슐러 Robert H. Schuller

겉모습에 신경 쓴다

"인간의 가치는 내면에 있다. 겉모습은 중요하지 않다."

이것이 예전에는 미덕이라 여겨졌지만 지금 시대는 다르다.

고가의 의복이냐는 중요하지 않다. 과소비하지 않을 정도로 여러 가지 선택지 속에서 스스로의 외관을 신경 쓸 수 있게 된 요즘 시대에 누구나 어느 정도의 차림새를 할 수 있는 상황이 되었다. 그런 흐름 속에서 겉모습을 소홀히 하는 것은 주변에 대한 배려가 없는 사람으로 치부되기 쉽다.

잘 되는 사람은 겉모습에 신경을 쓴다.

세련됨을 추구하며 언제나 청결하다. 성공한 어느 분이 이런 이야기를 들려준 적이 있다.

"겉모습은 내면의 가장 바깥에 있는 부분이 표현된 걸세. 그 사람이 어떤 마음을 가졌는지는 겉모습으로 나타나지."

이 말이 무척 인상적이었고 계속 마음속에 남아 그 이후로는 겉모습에 신경을 쓰게 되었다.

앞서도 말했지만 고가의 브랜드가 아니더라도 스스로의 개성을 나타낼 수 있는 차림새가 가능한 시대가 되었다. 멋지고 따스한 마음씨처럼 그것이 겉모습으로, 차림새로 저절로 표현될 수 있도록 해보자.

100일의 질문

겉모습을 중요하다고 여기는가?

겉모양이 안의 사람을 나타낸다.
우리는 껍질을 벗기기 전에 과육果肉을 상상한다.

올리버 웬들 홈스 Oliver Wendell Holmes

100 WAYS OF
THINKING TO
MAKE YOU RICH

최고의 인생을 위해
자신을 성장시키는 기술

PART 06

언제나 자신을
변화시킨다

070

2020년, 우리는 세계적으로 확산된 코로나 바이러스의 영향으로 사회가 급속하게 변화하는 것을 목격하였다.

예전에는 정시에 회사에 출근하는 것이 당연시되었지만 이제는 집에서 근무하는 재택근무, 원격근무가 정착되었다.

먼 미래로 생각되었던 상상이 현실이 되어 차례로 나타나고 있다.

이런 상황 속에서 가장 강력한 존재감을 발휘할 수 있는 것은 '변화할 수 있는 사람'이다.

물론 '돈이 많다'거나 '업무능력이 높은' 것처럼 알기 쉬운 능력을 가진 사람이 유리한 것은 자명하다.

그러나 돈의 가치가 하락하면 돈으로 그 능력을 증명하는 사람은 덩달아 그 가치가 떨어지게 되고, 아무리 업무능력이 높다 해도 AI나 로봇으로 대체되어 버리면 소용이 없다.

물론 그런 사태는 지금 당장 일어나지는 않을 것이다. 하지만 상상도 할 수 없었던 변화가 연달아 일어나는 현재 상황 속에서 어떤 일이 일어나더라도 '유연하게 대응할 수 있는 사람'이 가장 강력한 존재인 것은 두말할 나위가 없다.

'변화하는 것이 당연'하다는 유연한 멘탈을 지니면서 앞으로 다가올 변화를 기대해보자. 그렇게 함으로써 당신은 지금 현재를 즐겁게 활보할 수 있다.

100일의 질문

시대에 맞추어 변화할 준비가 되어 있는가?

존재한다는 것은 변화한다는 것이다.
변화한다는 것은 성숙해진다는 것이다.
성숙해진다는 것은 지속적으로 자신을 새롭게 만들어 간다는 것이다.

앙리 베르그송 Henri-Louis Bergson

성공 의지의 민감도를 높인다

비즈니스 스쿨을 경영하는 강사와 그 강사의 수업을 듣고 큰 성공을 거둔 수강생이 있었다.

강사가 성공한 수강생에게 그 비결을 인터뷰했는데 갑자기 한 권의 노트를 꺼내더니 "여기에 있는 말을 실천했을 뿐입니다" 라는 대답을 했다.

강사가 그 노트를 보며 '이대로 실천해서 성공한 거군'이라고 감탄했는데, 그 내용은 이전에 강사가 수업에서 했던 내용을 적어놓은 것이라고 했다. 하지만 강사는 자신이 언제 그런 말을 했는지 전혀 기억하지 못했다. 그 수강생은 강사 스스로 언급했는지조차 모르는 단순한 말을 자신의 것으로 확실하게 습득해서 기록하고 실천했고 성공한 것이었다.

세상에는 세 종류의 인간이 있다. 우선 보물이 있어도 눈치채지 못하는 사람, 보물이 있다는 말을 듣고 간신히 한 개를 줍는 사람, 마지막으로 사소한 힌트를 확실하게 자신의 것으로 만들고 실천하여 보물을 원하는 만큼 찾아내는 사람이다.

잘 되는 사람은 이 마지막 유형의 사람이다. 이 세 가지 중에 어디에 속할 것인지는 스스로가 가진 성공 의지의 민감도로 결정된다. 잘 되는 사람은 항상 그리고 계속해서 그에 대한 안테나를 높이 세우고 있기에 다른 사람이 간과하는 사소한 힌트도 놓치지 않고 확실하게 기록해둔다.

정보에 대한 민감도를 높이는 방법은 단 한 가지, 그것은 바로 '실현시키고 싶다'고 강력하게 바라는 것이다. 계속 염원하면 자신도 모르는 사이에 민감도가 높아지고 기회를 잡을 수 있게 된다.

100일의 질문

정보에 대한 민감도가 높은가?

때를 놓치지 마라. 이 말은 인간에게 주어진 영원한 교훈이다. 그러나 인간은 이것을 그리 대단치 않게 여기기 때문에 좋은 기회가 와도 그것을 잡을 줄 모르고 때가 오지 않는다고 불평만 한다. 하지만 때는 누구에게나 오는 법이다.

앤드류 카네기 Andrew Carnegie

강력한 무기를
확보한다

앞으로는 평균적으로 이것저것 잘하는 사람보다는 한 가지의 강력한 무기를 가진 사람이 잘 되는 시대가 될 것이다. 그 이유는 개인이 발신할 수 있는 정보망이 정비되었기 때문이다. 전 세계로 누구에게나 정보를 발신할 수 있는 기회가 확산되었다는 의미이다.

이제까지의 시대는 개인이 어떤 영향력을 미치려고 해도 그 수단은 어디까지나 사람 사이의 평판에 의한 것이었다. 그러나 앞으로는 세계 78억 인구가 그 모든 대상이 될 수 있다. 소수의 사람이 흥미를 가지는 아이템이라 해도 발신할 수 있는 대상이 늘어나면 그만큼 흥미를 느끼는 사람 수도 늘어가게 된다.

'다른 사람에게 내세울 수 있는' 무언가를 가지고 있는가?

막연한 테마가 아니라 무척 세세하고 섬세하게 고민하는 것이 좋다. 예를 들면 자동차라고 하자. 이런 경우에 모든 종류의 차를 알지 못해도 무방하다. 한 종류의 차량으로 한정된 지식이라 해도 좋다. 애견이라고 하면 한 종류의 견종만이라 해도 상관 없다. 어떤 견종의 병에 관해서는 절대적으로 다른 사람에게 뒤지지 않을 만큼 지식을 가지고 있다고 해도 좋다.

상대할 수 있는 사람이 늘어난다는 것은 그만큼 세세하게 분할해도 흥미를 가진 사람은 어느 일정한 수를 담보로 하며 그들에게 정보를 조달할 수 있다는 결론에 이른다. 그렇게 함으로써 당신은 어떤 분야의 전문가가 될 수 있다.

앞으로의 시대는 'ㅇㅇ분야는 단연 △△'라고 할 수 있는 사람, 그리고 그 분야를 이해하기 쉽게 전달하는 사람이 활약하는 시대가 된다.

100일의 질문

**"이것만큼은 다른 사람에게 안 져"라고
말할 수 있는 것을 가지고 있는가?**

성공은 우리의 약점을 없애는 것에서 성취되는 것이 아니라
우리의 강점을 개발하는 데서 오는 것이다.

사메를린 보스 사반트 Merilyn Vos Savant

장점을
키운다

"재능이 더 많았으면 좋겠어요"라고 말하는 사람이 많다. 하지만 이런 말을 하는 사람들 대부분은 능력이 없는 것이 아니라 스스로의 재능을 알아차리지 못한 경우가 많다.

타인의 재능은 부러워하면서 정작 스스로에게는 시선을 돌리지 못하고 잠재된 재능을 발견하지 못하는 사람이 적지 않다. 그리고 자신에게 향하는 시선은 언제나 뒤떨어진 결점에만 초점이 맞추어져 있다.

돈과 성공을 부르는 사람은 스스로의 결점을 찾거나 고치는 데 시간을 쓰지 않는다. 장점을 발견해서 확대시키는 일에 집중한다. 못하는 것을 평균 이상의 수준으로 올리려 하지 않고 잘하는 것을 더욱 신장시키고 확대시키는 데 노력을 쏟는다.

결국 "좋아하면 잘하게 된다"는 말처럼 좋아하는 것이 장점이 되고 그 장점을 키움으로써 다른 단점을 커버할 수 있게 된다. 더구나 어느 상태에 이르면 신기하게도 이제까지 결점으로 여겼던 부분마저 장점으로 다가오게 된다.

이 세상에 완벽한 인간은 존재하지 않는다. 인간은 잘하는 것과 못하는 것을 모두 가진 요철과 같은 존재이다. 무엇보다 중요한 점은 스스로 부족한 부분에 시선을 빼앗기지 않는 것이다. 그 속에 휘말리면 스스로의 장점은 매몰되어 버린다.

자신이 이미 가지고 있는 재능에 눈을 돌리자. 그것을 장점으로 적극 키워나가서 활용할 수 있도록 하자.

100일의 질문

스스로의 재능에 시선을 돌리고 있는가?

인생에서 진짜 비극은 천재적인 재능을 타고나지 못한 것이 아니라,
이미 가지고 있는 강점을 제대로 활용하지 못하는 것이다.

벤자민 프랭클린 Benjamin Franklin

'왜'를 명확히 한다

돈을 부르는 생각

074

노하우knowhow라는 말이 있다. '방법을 안다'라는 의미의 이 단어는 세상 속에 수많은 노하우 서적과 내용을 설명하는 콘텐츠로 재생되어 범람하고 있다.

성공하는 사람도 일정 정도는 노하우를 참고한다. 하지만 노하우를 배우기 전에 명확히 하는 개념이 있다. 그것은 '노와이 knowwhy'이다. 즉 '왜 배우는가' 스스로의 동기를 아는 것이다.

"무엇을 위해 이 일을 하는가?"

"누구를 기쁘게 하려고 지금 이 일에 몰두하는가?"

이렇게 질문하며 파고들어 가다 보면 자신 앞에 있는 '의미'가 보이게 된다.

'모티베이션이 상승한다'라는 말이 있다. 흔히 모티베이션은 동기부여라고 하는데 정확히 말하면 '그것을 하는 의미'이다.

어떤 것을 하는 의미는 상승하거나 줄어들지 않는다. 오히려 마음속의 빛 같은 존재여서 찬란하게 빛나거나 광채를 잃을 수는 있다. 상승하는 것은 모티베이션이 아니라 긴장감인 텐션이라 할 수 있다.

잘 되는 사람은 방법이나 목표를 찾기 전에 반드시 "왜 해야 하는가?"를 확실히 하고 나서 그 일에 몰두한다.

우리에게 가장 중요한 모티베이션, 그것은 바로 '왜 하는가' 이다.

100일의 질문

'무엇을 위해' 하는지 정확하게 설명할 수 있는가?

가장 단순한 의문은 가장 심오한 의문이다. 당신은 어디에서 태어났는가?
당신의 집은 어디인가? 당신은 어디로 가는가? 당신은 무엇을 하고 있는가?
이런 것들에 관하여 생각하라. 그리고 보라. 당신의 대답이 바뀌는 것을.

리처드 바크 Richard Bach

할 수 없다는 변명을
하지 않는다

돈을 부르는 생각

075

"상황이 더 좋았다면…"

"학력이 낮아서…"

"그건 잘 못 해서…"

어떤 일에 몰두해야 하는 상황에서 우리는 여러 가지 핑계로 그것을 피하려는 경우가 있다. 더구나 그 일을 하지 않는 이유를 정당화하고 싶어 한다. 그렇지만 '할 수 없다는 변명'을 하고 있는 한 어떤 목표를 향해 진취적으로 앞으로 나아갈 수 없다. 잘 되는 사람은 '~라서 할 수 없다'라고 말하지 않는다. 그 대신 '어떻게 하면 할 수 있을까'를 탐구한다. 그리고 할 수 있는 근거를 모색해서 더 빨리 현실화하기 위해 행동에 옮긴다.

잘 되는 사람과 그렇지 못한 사람의 경계는 성격이나 근성이 아니라 자기 자신에게 던지는 질문의 차이, 바로 그 지점에서 생긴다.

만약 어떤 일을 할 수 없는 이유를 늘어놓게 되는 상황에 이르면 "나는 정말로 이 일을 하고 싶은 걸까?"라고 스스로에게 질문을 던져보자.

"어떻게 하면 할 수 없다는 변명을 그만둘까"가 아니라 "어떻게 하면 진지하게 그 일에 몰두할 수 있을까"를 탐색하는 것이 '할 수 없다는 변명'을 그만두는 가장 빠른 길이다.

100일의 질문

진지하게 몰두할 수 있는 무언가를 가지고 있는가?

당신의 목표를 이루는 길을 가로막고 있는 유일한 것은,
당신이 목표를 이루지 못하는 이유를
계속해서 스스로에게 되 뇌일 때 쓰는 이야기이다.

조던 벨포트 Jordan Belfort

결심이 서면
'바로 지금' 행동한다

스승님이 들려주신 말씀 중에 아직도 기억에 남아있는 것이 있다.

"보통 사람은 먹음직스러운 열매가 나무가 달려 있으면 그 밑에서 계속 쳐다본다네. 그런데 잘 되는 사람은 그걸 발견한 순간 벌써 나무를 올라타고 있지."

잘 되는 사람은 언제나 호기심에 넘친다. 그와 동시에 많은 것을 손에 넣고 싶어 하는 큰 욕구를 가지고 있다. 그래서 어떤 결심이 서면 그 즉각 움직이기 시작하는 것이 특징이다. '갖고 싶다'고 생각하는 순간 재빨리 손에 넣고 그다음 목표를 향해 움직이는 것이다.

그들은 싫어하는 일을 정리할 때도 빠르게 움직인다. 싫어하는 일을 뒤로 미루면 불안감이나 죄악감이 조금씩 생겨나게 되고 결국에는 그런 감정과 오랫동안 마주할 수밖에 없게 된다.

성공을 끌어당기는 사람은 좋은 의미의 욕심쟁이다. 인생의 시간을 되도록 '유쾌'한 상태로 유지하려고 한다. 그래서 싫어하는 일은 신속히 정리하고 좋아하는 것을 더 많이 얻기 위해 움직인다. 그들이 움직이는 타이밍은 '생각이 떠오른 바로 그 순간'이다.

그들은 후회를 싫어한다. 매 순간마다 그 시간을 어떻게 즐겁게 보낼까에 욕심을 부린다. 기회가 찾아왔을 때도 성가신 것을 정리할 때도 지체하지 않고 바로 그 순간 몸을 움직여 행동한다.

100일의 질문
뒤로 미루는 성향이 없는가?

사람이 인생에서 가장 후회하는 어리석은 행동은
기회가 있을 때 저지르지 않은 행동이다.

헬렌 롤랜드 Helen Rolland

지금 서 있는 곳에서 빛을 발한다

돈을 부르는 생각

077

"나는 어떤 사람일까?"

"나는 지금 어디에 서 있을까?"

"나는 무엇을 하고 싶은가?"

이 질문에 대답하기 위해 우리는 스스로를 탐색하고 자기를 찾는 노력을 한다. 이런 과정도 중요하지만 자아 찾기에 지나치게 몰두하면 동시에 큰 리스크를 안게 된다. 그것은 바로 '지금 바로 눈앞에 있는 보물을 놓치게 되는' 리스크이다.

대부분의 경우, 성공할 수 있는 힌트는 자신의 눈앞이나 발밑에 감추어져 있다. 성공의 힌트를 찾기 위해 지금과 확연히 다른 세계로 떠나는 것이 아니라 우선 스스로의 주변을 한 번 더 탐색해봐야 한다.

어느 위인이 "문지기를 해야 한다면 최고의 문지기가 될 방법을 고민해라. 그런 마음으로 하고 싶은 일에 몰두한다면 당신은 어느덧 문지기 일을 하고 있지 않을 것이다."라고 했다.

인간은 저 멀리 있는, 빛나는 것에 눈길을 빼앗기기 쉽다. 지금 눈앞에 있는 것에 정면으로 부딪쳐보는 것은 너무나 소박하고 흥미롭지 않을 수 있다. 더구나 스스로의 나약함과 마주해야만 하는 순간도 있을 것이다.

부와 성공을 끌어당기는 사람은 지금 자신이 서 있는 곳을 깊이 탐색한다. 지금 자신이 있는 곳에서 스스로 해야 할 일에 힘을 쏟지 못하는 사람은 아무리 장소가 바뀌고 환경이 변해도 결국 동일한 결과를 반복한다. 지금 당장 푸념하지 말고 눈앞에 있는 일에 몰두해 보자. 그것이 진정한 당신을 발견하는 가장 빠른 지름길이다.

100일의 질문

가까이에서 보물을 찾고 있는가?

인간은 현재라는 가치의 중요성을 모른다. 막연하게 보다 나은 미래를 상상하거나
그렇지 않으면 헛된 과거에 집착하고 있기 때문이다.

괴테 Johann Wolfgang von Goethe

항상 배우는 자세를 견지한다

크게 성공하는 사람일수록 배움을 좋아하는 공통점을 가지고 있다. 강연을 하는 직업 덕분에 여러 사람과 만날 수 있는 기회가 많다. 그중에는 각종 미디어에서 접하는 저명인이나 지역의 기업체 대표 등 다양한 사람이 있는데 잘 되는 사람의 공통점은 배움을 좋아한다는 사실이다.

당연한 이야기겠지만 배우는 사람은 계속 성장해 나간다. 하지만 배우는 과정에서 아무리 훌륭한 스승, 좋은 동료를 만난다 해도 무엇보다 가장 중요한 것은 스스로 배우려는 자세이다.

사회에 나가기까지 우리는 "어떻게 답안지에 정답을 채워 넣을까?"를 훈련받지만 사회에 나가는 순간 "어떻게 무에서 유를 창조할까?"를 요구받게 된다. 사회인에게 필요한 것은 어떻게 해서 스스로의 업무능력이나 기술력, 상상력과 인간관계의 힘을 높이느냐에 있다.

인생에서 가장 흥미롭고 창조적인 엔터테인먼트는 성장해 나가면서 스스로의 꿈을 이루어가는 과정, 그 자체에 있다. 비즈니스 능력, 인간으로서 살아가는데 중요한 그 무엇인가를 배워보자. 그러면 흥미롭게도 그 반향이 그대로 자신의 인생 자체에 영향을 미치며 되돌아온다.

돈을 사용하는 방식에 대한 가치관은 사람마다 모두 다를 수 있지만, 무엇보다 우선 당신 자신이라는, 세상에서 가장 가치 있는 투자 대상에 투자해보자.

100일의 질문
자신에게 투자하고 있는가?

지식에 대한 투자가 가장 이윤이 많이 남는 법이다.

벤자민 프랭클린 Benjamin Franklin

좋은 스승을 갖는다

책을 집필하면서 가장 많이 받는 질문이 있다.

"성공에서 가장 중요한 것은 무엇인가요?"

항상 대답은 똑같다. '좋은 스승을 갖는다'는 것이다.

"어떻게 하면 목표하는 지점에 도달할 수 있을까?"

결국 그 목표점에 도달해본 사람이 그 상황을 가장 잘 알 수밖에 없다.

어둠 속을 무작정 헤매지 말고 우선 그 목표지점에 도달한 사람을 찾아내서 가는 방법이나 좌표를 배우는 것이 가장 효율적이다.

대부분은 '열심히 노력하면 틀림없이 잘 될 거야'라고 믿는다.

무척 멋진 말이지만 오히려 성실하기만 한 사람일수록 잘못된 방향으로 열심히 내달린 결과, 노력한 만큼 목표지점에서 더 멀리 벗어나게 된다.

그런 오류를 범하지 않기 위해서도, 자신의 분명한 방향성을 확실히 하기 위해서도 먼저 그 길을 걸어간 사람에게 물어보고 배우는 과정이 가장 중요하다.

100일의 질문

자신의 느낌에만 의지하지 않는가?

스승은 영원한 영향력을 안겨주는 사람이다.
그 영향이 어디까지 미치는지는 그들도 알 수 없다.

헨리 애덤스 Henry Adams

스스로 영향을 받는다

영향력은 '강한 쪽에서 약한 쪽으로 흐른다'는 법칙이 있다. 잘 되는 사람은 자신보다 뛰어난 사람의 사고법을 스스로에게 입력시킨다. 그런 사람을 찾아낸 후 그 옆에 스스로 다가가서 자연스럽게 그의 영향이 흘러들어오도록 만든다.

잘 되는 사람은 또 다른 뛰어난 사람과 함께 걸어간다.

이를 '유유상종'이라고 표현하는 사람도 있다.

이제까지 수많은 이벤트를 개최하고 다양한 사람을 만나면서 '유유상종은 확실히 존재한다'는 사실을 확신하게 되었다.

이벤트에 모인 천 명의 멤버들을 멀리서 바라보고 있노라면 어느 순간 마법과도 같이 잘 되는 사람은 잘 되는 사람과 모이고 일이 잘 풀리지 않는 사람들은 또 그들끼리 그룹을 형성하는 상황을 마주하게 된다.

자신감이 떨어질수록 잘 되는 사람의 집단에 섞이면 강한 위화감을 느끼게 된다. 스스로 여기 있어서는 안 된다는 열등감에 사로잡히기도 한다.

하지만 바로 그 지점에서 운명이 갈리게 된다. 쉽지 않을지라도 큰 성공을 이룬 사람이 있는 그곳에 머무르도록 노력해 보자.

시간이 흐를수록 익숙해지면서 그들의 강한 영향력이 흘러들어와 어느덧 잘 되는 방향으로 사고하고 있는 자신을 발견하게 될 것이다.

100일의 질문
잘 되는 사고를 익히기 위한 환경 속에 있는가?

'날지 못하는 칠면조 사이에 있으면
독수리도 하늘을 날지 못한다.'는 유명한 말이 있다.
주위 사람들이나 환경에 따라 하늘을 날 수도 있고 땅 위를 기어 다닐 수도 있다.

토머스 레너드 Thomas J. Leonard

성공한 사람과 자주 접촉한다

배움의 세계, 스포츠 분야, 예술 영역 등에서도 공통되는 법칙이 있다. 그것은 "성공한 사람과 접촉하는 빈도가 높은 사람일수록 성공할 확률이 더 높아진다"는 것이다.

왜냐하면 잘 되는 사람의 주변에는 그런 사람들이 모여있는 경우가 많고, 그들과 가까이 있는 것만으로도 '새로운 지식'을 얻을 수 있기 때문이다.

새로운 지식만이 아니다. 그들 가까이에서는 더 많은 '기회'를 포착할 수 있다. 그들이 어떤 새로운 일을 시작하려 할 때 당신이 그 가까이에 있으면 함께 일하게 될 확률도 높아진다. 잘 되는 사람과의 접점을 늘려가는 노력을 하면 반드시 성공확률도 높아진다.

우선 그들에게 '도와줄 일이 있는지'를 물어보라.

잘 되는 사람들은 항상 다른 이에게 부탁을 받는 입장에 놓이는 경우가 많다. 그런데 거꾸로 도움을 주려는 사람이 있다면 관심을 느낄 것이다.

꾸준히 작은 도움이라도 주는 상황 속에서 열성을 다하는 모습과 그 진심에 또 다른 일로 이어지게 되고 신뢰가 쌓여갈 것이다. 무엇보다 중요한 점은 찾아가서 접촉 빈도를 높여가는 정성이다.

100일의 질문
정기적으로 찾아가는 이가 있는가?

물은 습지로 흐르고, 불은 마른 것 에 불붙어 탄다.
군자에게는 군자의 벗이 있고, 소인에게는 소인의 벗이 있다.

공자 孔子

가르침을 순수하게
받아들인다

이제까지 수많은 사람의 개인 코칭을 진행해왔다. '이 사람은 꼭 성공하겠구나'라고 느끼는 경우가 있는가 하면, '시간이 꽤 걸리겠군'이라며 걱정되는 경우도 있다.

둘의 차이점은 여러 가지가 있지만, 가장 알기 쉬운 특징은 그 사람이 '순수하게 느껴지는가 아닌가'의 여부이다.

코칭이 매끄럽게 진행되지 않을 때는 어떤 말을 해도 상대가 입버릇처럼 "아니오, 그렇게 생각하지 않는데요", "그건 아닌 것 같습니다"라고 반문하는 경우가 많다.

'솔직한 사람'의 반대는 '자아가 강한 사람'이라 할 수 있다. 자아가 지나치게 강하면 다른 사람의 말이 들어올 여지를 주지 않는다.

성공에 다다르는 사람은 자신의 생각에만 집착하는 행위가 얼

마나 위험한지 안다. 스스로의 성장은 '나는 옳고' '상대방은 틀렸다'라고 생각한 순간 멈추게 된다.

그런 오류에 빠지지 않기 위해서는 그 길을 잘 아는 사람에게 지도를 받을 때 그의 말이 자신의 생각과 다소 다를지라도 일단 "가르쳐주서서 감사합니다"라고 상대의 가르침을 순수하게 받아들여 보자.

잘 되는 사람은 다른 사람에게 가르침을 받을 때 우선 '나'의 아집을 버리고 순수하게 흡수한 후 다시 그것을 자신에게 적합한 무기로 바꾸어나간다.

100일의 질문
나의 아집을 버리고 순수하게 가르침을 받아들이는가?

어리석은 사람은 지혜로운 가르침도 제대로 이용하지 못한다.

장 드 라퐁텐 Jean de La Fontaine

항상 메모하는 습관을 갖는다

잘 되는 사람은 좋은 의미에서 자신의 기억을 신뢰하지 않는다. 특히나 눈앞의 일에 쫓겨 그다음 일로 계속 사고를 거듭하면서 바쁜 나날을 보내게 되면 이전의 기억은 저 멀리 흐트러져 버리기 마련이다.

돈이 따르는 사람들의 특징은 언제, 어디서나 메모를 하고 있다는 것이다. 다른 이에게 들은 멋진 이야기, 마음에 울림을 준 말 등. 그뿐만이 아니다. 문득 떠오르는 생각이 있으면 그 즉시 메모장을 펼친다.

말이나 생각은 수면을 튀어 오르는 활어와도 같아서 그 순간 그물로 포획하지 않으면 어느 순간 눈앞에서 사라져 버린다.

지금은 메모하기에도 편리한 환경이다. 이전처럼 군이 노트를 가지고 다니지 않아도 스마트폰의 메모나 카메라 기능을 사용하면 그만이다.

필자도 젊을 때 들었던 "일단 메모를 하라"는 가르침 덕분에 이렇게 글을 쓰며 세상에 메시지를 전달할 수 있게 되었다.

책 속에 잘 되는 사람들의 다양한 말이 등장하는데 그것도 모두 과거에 기록해둔 메모에서 꺼내온 것이다.

그리고 이제까지 집필한 책 제목 역시 어렴풋이 잠에서 깨어난 새벽 무렵이나 목욕을 하며 긴장이 풀어진 순간 갑자기 떠오른 아이디어를 메모해둔 것이다.

좋은 아이디어는 일단 떠오른 그 순간 잡아채서 기록해야만 한다. 간단한 일 같지만 의외로 실천하는 사람은 많지 않다. 메모를 하는 자가 승리한다. 우선 실천해보자.

100일의 질문
기록해둔 아이디어가 많은가?

배운 것을 기록해 놓지 않으면 지식은 있을 수 없다.

단테 알리기에리 Dante Alighieri

최초의 기쁨을
잊지 않는다

084

세상 사람은 제각각 다채로운 모습으로 살아간다. 그중에서도 유독 주변에 사람들이 모여드는 이가 몇 명 있지 않은가?

그들의 사고 방식을 연구하는 것이 필자의 오랜 인생에 걸친 작업이었는데 최근에 한 가지 결론에 도달했다.

잘 되는 사람은 "가까이 있을수록 감사함을 잊지 않으며 가까이 다가올수록 경의를 잊지 않는다"는 자세를 견지한다는 점이다. 오묘한 뜻이 있으므로 두 항목에 걸쳐서 설명하겠다. 우선 '가까이 있을수록 감사를 잊지 않는다'라는 말이다.

예를 들면 오랫동안 동경했던 롤모델을 기적적으로 만났다고 하자. 그럴 때 처음에는 튀어 오를 정도로 감동할지 모르지만 매일 그와의 만남을 거듭하게 되면 점점 고마움은 사라져 버리게 된다. 그의 충고를 귀담아듣지 않게 되거나 가르침을 받아들이지 않게 되면서 어렵게 만난 그 사람과 결국 멀어져 버리게 된다.

반대로 동경해 마지않던 그 사람을 평생 자신의 옆에 머물도록 하는 이도 있다. 그는 바로 가까이 있을 때 언제나 감사를 잊지 않고 어디까지나 겸허한 자세를 허물지 않은 사람이다. '가까이 있을수록 감사를 잊지 않았던' 덕분이다.

100일의 질문
처음 느꼈던 감동을 잊지 않고 있는가?

세찬 겨울 눈보라도 감사하지 않은 사람의 마음보다 모질지는 않다.

윌리엄 셰익스피어 William Shakespeare

경의를 잊지 않는다

다음으로 '가까이 다가올수록 경의를 잊지 않는다'라는 부분인데 이 경우는 입장이 바뀌어 당신이 상대에게 동경의 대상이 되었을 때를 말한다.

많은 사람이 당신에게 모여들게 되었을 때 현 상황에 현혹되지 않고 그들에게 경의를 가지고 대할 수 있겠는가?

아무리 인기가 높아지고 지명도가 올라가도 주변에 모여든 사람들에게 거만하게 굴지 말아야 한다. 이것이 '가까이 다가올수록 경의를 잊지 않는다'는 의미이다.

잘 되어가는 상황이 계속 유지되는 사람들을 보고 있으면 무척 겸허하다는 사실을 알게 된다.

사업이나 인간관계, 모든 관계에서 오랫동안 안정적으로 자신의 성공을 유지해 나가는 사람은 모두 한결같이 가까운 이나 자신을 따르는 사람을 소중하게 여기며 신세를 진 사람에게 한없이 감사함을 표시한다.

반대로 성공을 거두었지만 얼마 안 있어 그것을 놓쳐버린 사람은 대체로 주변 사람을 소홀히 하는 경우가 많다.

"가까이 다가갈수록 감사를 잊지 말고 가까이 다가올수록 경의를 잊지 않는다"

이를 지키기 위해서는 부단한 노력이 필요하기에 실제로 이를 실천하는 사람이 드문 것이 사실이다. 그렇기에 이를 실천하며 주변 사람을 소중히 여긴다면 당신의 존재는 틀림없이 빛날 것이다. 반드시 이 말을 꼭 기억하며 인생의 길을 걸어가 보라.

잘 된 사람의 흠을 들추어내지 않는다

'내가 더 열심히 했는데 왜 저 사람이 출세하지?'

'그 정도 실력으로 잘 나가다니 분명 뒷 배경에 뭔가 있는 게 분명해.'

살다 보면 자신보다 더 잘 되는 사람의 흠을 들추어내고 싶은 순간이 찾아온다.

그 순간의 작은 행동 차이가 잘 되는 사람과 그렇지 않은 사람을 결정짓는다. 즉 어느 사람의 가치는 '자신보다 격이 높은 사람과 조우하는 순간의 태도'로 결정된다.

성공하지 못하는 사람은 상대의 결점을 찾아내고 비판을 일삼는다.

그에 비해 잘 되는 사람은 상대방의 공적을 인정하고 '왜 저 사람을 잘 될까?'라며 그가 성공한 원인을 찾아내어 자신 나름의 것으로 받아들인다.

타인을 아무리 비판적인 시선으로 분석해보았자 얻을 수 있는 것은 단 하나도 없다. 진정 찾아내야만 하는 것은 상대의 결점이 아니라 상대방이 가진 뛰어난 장점이다.

그런 시점으로 자신보다 잘 되는 사람을 냉정하게 관찰했을 때, '주변에 신뢰할 수 있는 동료가 있다', '항상 적극적으로 회사에 기획을 제안한다', '크고 먼 시점으로 업무를 바라보고 실천한다'처럼 보고 배워야 할 점이 눈에 띌 것이다.

자신을 성장시키는 방법은 정말로 간단하다. '상대방의 좋은 점을 찾아내고 순수하게 받아들이며 그대로 행동하는 것'만으로도 충분하다.

100일의 질문

다른 이의 성공 원인을 찾아보는가?

남의 좋은 점을 발견할 줄 알아야 한다. 그리고 남을 칭찬할 줄도 알아야 한다.
그것은 남을 나와 동등한 인격으로 생각한다는 의미를 갖는 것이다.

괴테 Johann Wolfgang von Goethe

스스로에게 질문을 던진다

인간은 나약한 존재다. 유혹이 있으면 금세 빠져 버리거나 편한 방법이 있으면 그것이 윤리에 반하는 일일지라도 손을 내밀어 버리기도 한다. 방송국 프로그램 중에는 그런 사람들의 실패담이 다루어지는 경우도 적지 않다.

자신과 관계가 없는 사람이라면 그저 타인의 일로 끝나겠지만, 일상 속에서 어떤 실패가 일어나면 대부분은 상대방을 책망하거나 다른 이의 책임으로 돌리려는 것이 일반적이다.

하지만 잘 되는 사람은 항상 스스로를 향해 질문을 던진다. '내게는 책임이 없을까?', '더 할 수 있는 일이 있지 않았나?', '내가 그 사람 입장이었다면 어떻게 했을까?'라는 생각을 한다.

상대방을 필요 이상으로 책망하지도 않고 스스로를 되돌아봄으로써 자신의 성장 기회로 삼는 것이다.

남 탓을 하는 것은 무척 편한 방법이다. 하지만 동시에 자신이 성장할 기회를 잃게 된다. 그뿐만이 아니라 상대방을 필요 이상으로 상처 입혀버리는 죄를 범하기도 한다. 결국 잘 되는 사람은 그 시선의 방향을 자신에게 돌리는 것이다.

실패했을 때, 그 책임의 방향을 스스로에게 돌려 질문을 던지면 일이 잘 풀려나가고 그 후에는 타인을 향한 감사가 우러나올 것이다.

거듭해서 성공을 거두는 이들의 멘탈리티는 그런 과정에서 성장해 나간다.

100일의 질문

다른 이의 탓을 하지 않는가?

당신이 훌륭한 사람을 만났을 때는 그 훌륭한 덕을
자기 자신도 가지고 있는지 생각해보라. 그리고 나쁜 사람을 만났을 때는
그 나쁜 사람이 지은 죄가 자기에게도 있는 않은지 돌아보라.

세르반테스 Miguel de Cervantes

손쉬운 방법을
선택하지 않는다

088

'간편', '간단', '단시간', '누구나'.

이런 키워드가 붙으면 사람들이 모여든다. 우리는 매일 이런 선전 문구를 접하지 않는가?

터무니없는 가정이지만, 만약 '3개월 만에 억만장자가 될 수 있는 방법'이 있다면 이 세상에는 억만장자가 차고 넘칠 것이다.

하지만 주변을 둘러보면 쉽게 돈을 벌 수 있는 방법을 담은 콘텐츠만 무성할 뿐, 실제로 돈을 벌어 억만장자가 된 사람은 찾아볼 수가 없다. 어쩌다 운 좋게 성공한 사람이 있을지는 모르지만 만일 기적처럼 일이 잘 풀렸다고 해도 그런 엉성한 방법으로 계속해서 성공을 이루어낼 수는 없다. 운이 따라주었다 해도 결국에는 실패해버릴 우려가 크다.

결국 착실하게 노력해서 실력을 쌓아온 사람이 가장 먼저 목적지에 도착할 수 있다. 땅을 밟으며 단단하게 한 걸음 한 걸음 앞으로 나아가는 사람은 그 누구도 이길 수 없다.

돈과 성공을 불러들이는 사람은 편리하다는 달콤한 유혹에 눈길도 주지 않는다. 묵묵히 스스로 해야 할 일에 집중한다. '어찌 보면 멀리 돌아가는 것처럼 보이는 이 길이야말로 가장 빠르게 갈 수 있는 여정'이라는 신념을 가지고 자신의 속도를 지켜가며 견실하게 성공으로 가는 최적의 길을 묵묵히 걸어갈 뿐이다.

100일의 질문

편한 유혹에 끌리지 않는가?

당신의 진정한 모습은 당신이 반복적으로 행하는 행위의 축적물이다.
탁월함이란 하나의 사건이 아니라 습성인 것이다.

아리스토텔레스 Aristotle

성장하는 속도가 빠른 사람, 옆에서 응원해주고 싶은 사람에게는 공통점이 있다. 바로 '자신이 가진 힘을 모두 쏟아낸다'는 점이다.

모든 힘을 다 쏟아낸다는 건 예를 들어 당신이 팔굽혀펴기를 열 번 할 수 있는 사람이라고 하자. 그런 당신이 여덟 번만 하고 그만둔다면 성장 속도는 느려지게 된다.

매일 한계에 도달하는 아슬아슬한 지점까지 전력을 다해 열 번을 채우고 조금 더 힘을 내서 열한 번에 도전할 수 있게 되는 지점이 바로 모든 힘을 쏟아낸 증거가 된다.

이런 과정을 거듭하게 되면 성장 속도만이 아닌 다른 부수 효과도 가져오게 된다. 당신도 분명 그런 경험이 있을 것이다. 집중해서 전력을 다해 모든 힘을 쏟아내고 있는 사람을 보고 있는 주변 사람들은 자신도 모르게 그를 응원하게 된다는 사실이다.

더구나 인간은 신기한 존재여서, 최선을 다하지 않는 사람은 흔히 푸념을 늘어놓기 마련이다. 그리고 그런 사람을 관찰해 보면 의외로 한가한 경우가 많다.

스스로를 돌아보고 '요즘 자꾸 불평불만이 늘어나네'라는 느낌이 들면 일단 자신의 앞에 놓여있는 사안에 초점을 맞추고 전력을 다해보자.

그렇게 하면 푸념이나 불만을 늘어놓을 여유는 눈 깜짝할 사이에 사라져 버릴 것이다.

한 번밖에 오지 않을 인생의 시간. 100% 힘을 다하고 120% 즐기면서 옆에 있는 사람들에게 감동을 안기며 살아가 보자.

100일의 질문
지금 아낌없이 힘을 쏟으며 최선을 다하고 있는가?

그대의 하루하루를 그대의 마지막 날이라고 생각하라.

호라티우스 Horatius

느긋함을 익힌다

인간은 어떤 일에 도전하려 하면 긴장하기 마련이다. 하지만 일이 잘 풀리는 건 잔뜩 긴장해서 힘을 줄 때가 아니라 오히려 적당하게 힘이 빠져있을 때다.

잘 되는 사람을 보고 있으면 언제나 뜨겁게 열중해서 힘을 쏟아붓는 경우가 별로 없다. 오히려 놀라울 정도로 느긋하게 스스로의 속도로 조용히 일을 진전시켜가는 타입이 많다. 그런 느긋함을 어떻게 가질 수 있을까?

그런 느긋함을 가지기 위해서는 우선 무언가에 푹 빠졌던 경험이 중요하다. 그것이 무엇이건 '더 이상 빠져들 순 없어'라고 느껴질 정도로 한 가지 일에 철저히 빠져들어 가 보는 것이다. 이런 경험이 없이 갑자기 잘 되는 사람의 느긋함을 자신의 것으로 만들 수는 없다.

큰 성공을 거두는 사람도 우리와 똑같은 인간이다. 과거에는 그도 뜨겁게 빠져들거나 지나치게 열중한 나머지 실패한 경험을 가지고 있다. 결국 그렇게 어떤 일에 진지하게 정면으로 승부한 사람만이 스스로의 행위를 최대한 활용할 수 있는 적절한 상태를 파악하게 된다.

목욕물 온도와도 같다. '이 이상은 너무 뜨거워', '이보다 낮으면 너무 미지근하지'라는 상한선과 하한선을 알게 됨으로써 스스로에게 적절한 온도를 발견할 수 있다.

우선은 마지막까지 최선을 다해보자. 그리고 점차 필요 없는 힘을 빼보는 연습을 해보자. 무작정 열심히가 아닌, 쓸데없는 힘을 빼보는 것. 잘 되는 사람은 중요한 일일수록 느긋함을 되새긴다.

100일의 질문
적절히 힘을 분배하고 있는가?

때때로 손에서 일을 놓고 휴식을 취해야 한다.
쉼 없이 일에만 파묻혀 있으면 판단력을 잃기 때문이다.

레오나르도 다빈치 Leonardo da Vinci

"족함을 안다"라는 노자의 말을 아는가?

간단하게 말하면 "없는 것을 헤아리지 말고 지금 있는 것에 감사하며 욕심을 내지 말고 살자"라는 의미다. 멋진 말이기는 하지만 잘 되는 사람은 대부분 이 말의 반대되는 길을 구태여 걸어가고 있는 느낌이 든다.

잘 되는 사람은 스스로의 인생을 창조하는 크리에이터같은 존재이다. 사업, 노래, 글처럼 무언가를 통해서 세상에 메시지를 내보내고 이미지를 표현해내는 사람들이다.

더구나 그들은 한결같이 스스로에게 "현상에 만족하지 마라"라고 한다. 그 이유는 무엇일까? 스스로는 만족했다 해도 시대와 세상 사람의 요구는 더욱 진화하고 추구하는 수준은 더욱 올라가기 때문이다.

그래서 잘 되는 사람은 항상 스스로를 굶주린 상태로 유지해가며 그 허기를 에너지로 삼아 새로운 창조를 거듭해낸다.

그들은 앞서 나온 노자의 말을 스스로의 사치나 욕구를 경계하는 말로서만 받아들인다.

잘 되는 사람이 흥미를 느끼는 근원에는 '다른 이를 기쁘게 만드는' 것이 도사리고 있다. 주변 사람을 기쁘게 하면서 스스로 발전해가는 선순환, 즉 비즈니스나 창조에 만족하지 않고 끊임없이 그 시선을 보다 높은 곳을 향해 두는 것이다.

잘 되는 사람은 항상 자신의 일에 어떤 형태로든 갈증을 느낀다. 그리고 더 큰 기쁨을 줄 수 있는 수준을 향해 나아간다.

100일의 질문

일에서 '더 나은 그 무엇'을 의식하고 있는가?

늘 갈망하고, 우직하게 나아가라.

스티브 잡스 Steve Jobs

100 WAYS OF
THINKING TO
MAKE YOU RICH

원하는 미래를
스스로 창조하는 방법

—————————— PART 07 ——————————

작은 성공을 차곡차곡 쌓아 올린다

세상에는 일반 상식으로는 상상도 못 할 만큼 큰 성공을 거둔 사람들이 존재한다. 그들은 갑자기 한꺼번에 커다란 성공을 거머쥔 걸까? 그 누구도 불가능한 일이다.

야구를 예로 들면 이전에 큰 기록을 세웠던 왕정치도 요즘의 오타니大谷도 모든 슈퍼스타는 '지금 들어오는 공을 어떻게 칠까'에만 집중하며 배트 한가운데 공을 맞히는 행위에만 몰두한 결과, 그렇게 거대한 기록을 세웠던 것이다.

큰 꿈을 품으면 두근거리는 인생을 살 수 있다. 하지만 꿈을 꾸는 행위만으로는 꿈은 실현되지 않는다. 어디까지나 일상 속에서 작은 성공을 차곡차곡 쌓아 올리며 걸어 나가다 보면 어느덧 큰 성공이 내게 다가오게 된다. 저 높은 산의 정상이 자신의 목표라면 한 걸음 한 걸음 앞으로 걸어 나가는 것 외에 다른 방법이 없다.

지금 설령 가진 꿈이 없다 해도 눈앞에 있는 것에 전력을 다해 집중하며 하나씩 착실하게 마무리해 나가 보자. 그것을 능가하는 성공의 법칙은 없다.

아무리 작은 일이라 해도 상관 없다. '오늘은 이걸 해보자'라고 마음먹은 순간, 착실하게 묵묵히 해나감으로써 '할 수 있다'는 자신감을 가질 수 있게 된다. 그 성과를 실재감으로 의식하며 달성했다는 감각을 익힘으로써 자신감은 확실한 실체를 가지게 된다.

무엇보다 중요한 것은 일상에서 세운 목표를 달성하겠다는 의식 그 자체이다.

100일의 질문
해야 할 일을 하나씩 착실하게 마무리하고 있는가?

성공으로 가는 엘리베이터는 고장입니다.
당신은 계단을 이용해야만 합니다. 한 계단 한 계단씩.

조 지라드 Joe Girard

기한은
하늘에 맡긴다

당신에게는 목표가 있는가? 목표를 세우는 것은 그 크기와 상관 없이 멋진 일이다.

하지만 그 과정에서 단 한 가지, 거의 모든 사람이 빠지기 쉬운 함정이 있다. 그리고 이것은 목표 달성을 위한 세미나에서 강사들도 자신 있게 추천하는 방식이라 더더욱 그 함정에 빠지기 쉽다. 꿈을 이룰 때 빠지기 쉬운 함정, 그것은 바로 '기한을 설정한다'는 것이다.

업무상 목표라면 '언제까지 한다'라는 기한이 중요할 것이다. 하지만 꿈이나 인생의 목표와 같이 보다 더 크고 원대한 목표의 경우는 기한을 설정하면 오히려 방해되는 경우가 많다.

당연한 이야기지만 벚꽃은 봄에 핀다. 벼는 가을에 결실을 맺고 수확한다. 이것은 자연의 법칙이다. 기한을 정하는 것은 어떤 의미에서 '벚꽃을 여름에 피게 한다', '쌀을 봄에 수확한다'는 의미가 될 수도 있다. 즉 자연의 흐름을 거스르고 인공적으로 그렇게 만들어간다는 뜻이 된다.

목표를 정하는 것은 좋은 일이다. 그러나 우리들 인간이 할 수 있는 행위는 그것을 향해 할 수 있는 모든 일을 전력으로 다해 하는 것. 바로 그것뿐이다.

기한을 의식하지 않고 눈앞에 놓인 일, 할 수 있는 일에 전력을 다하고 있다면 어느 날 '기회가 무르익는' 때가 찾아온다. 그리고 그 기회가 무르익었을 때 억지로 그 기회를 잡으려 하지 않아도 마치 물 흐르듯이 자연스럽게 쉽사리 일이 풀려나가게 될 것이다.

성공하는 사람은 자연스러운 흐름을 소중히 여긴다.

100일의 질문

어떤 일을 무리해서 실현시키려 하지 않는가?

무리하게 빨리 무엇인가를 이루려 하면 목표에 도달하지 못할 것이다.
조그만 이익에 연연하면 큰일을 이루지 못할 것이다.

공자 孔子

터무니없이 큰 꿈을
품는다

요즘 시대에 '꿈'이라는 단어는 많은 사람의 외면을 받고 있다. 실제로 강좌에서도 '꿈을 이루는 방법'보다는 '꿈을 찾는 방법'에 더 많은 사람이 모인다.

"꿈을 갖는 건 헛된 일이야"라는 분위기가 감도는 가운데에도 잘 되는 사람들은 꿈을 이야기한다. "나는 분명 이렇게 될 거야"라고 먼저 선언을 하고 나서 그것을 실현시켜 나간다. 그런 사람들을 보고 있노라면 저절로 느끼게 된다. '꿈이 있는 사람의 인생이 보다 더 즐거운 거야'라고 말이다.

'꿈을 가져야만 해'라며 스스로의 무게에 짓눌리는 사람도 있지만 꿈을 갖는 것은 의무가 아니다. 인간이 가질 수 있는, 허가받은 권리일 뿐이다. '꿈은 절대 이루어내야만 하는 것'이라는 강박 때문에 꿈꾸기 힘들어진 것이다.

꿈을 이렇게 느껴보자. '이루어낸다, 이루지 못한다가 아닌, 지금 이 순간을 보다 나아지게 하기 위해 꿈은 존재한다'라고 말이다. 이루어내야만 하는 것이 아니라면 보다 편한 마음으로 꿈꿀 수 있게 된다.

사람은 어릴 때처럼 보다 더 제멋대로 자유롭게 하고 싶은 것을 그려나가야 한다. 세상의 흔한 상식이나 다른 사람이 가하는 비판은 신경 쓸 필요가 없다.

설령 누가 비웃는다면 '보통 사람들은 이해도 못 할 정도로 큰 꿈'이라고 생각하며 그들의 조소를 자신의 에너지로 바꿔나가 보자.

부와 성공에 가까운 사람일수록 자신만의 중심축을 가지며 거대한 꿈을 꾸어내고 있다.

100일의 질문
자신의 가슴을 뛰게 할 꿈을 가지고 있는가?

모든 것은 꿈에서 시작된다. 꿈 없이 가능한 일은 없다.
먼저 꿈을 가져라. 오랫동안 꿈을 그리는 사람은 마침내 그 꿈을 닮아간다.

앙드레 말로 André Malraux

꿈을 간단한 말로 표현한다

꿈을 이루어내기 위해서는 협력자가 필요하다. 그렇지만 가장 먼저 움직이게 해야 할 것은 다른 사람이 아닌 바로 자기 자신 이다.

돈을 부르는 사람의 꿈에는 공통점이 있다. 그것은 단순하며 누구나 다 알기 쉽다는 점에 있다.

필자의 개인적인 일이지만 41세 때 어머니의 유언을 계기로 꿈 하나를 갖게 되었다. 그것은 바로 '책 출판으로 일본에서 제 일 잘 나가는 것'이었다. 전혀 근거가 없는 꿈이었지만 그 덕분 에 2020년과 2021년, 일본 비즈니스 서적 판매 순위에서 1위 를 할 수 있었다. 2021년에는 비즈니스 서적을 넘어 종합 장 르에서 1위를 하는 행운을 얻게 되었다. 상상을 넘어선 결과 였다.

물론 많은 분의 협력이 있었기에 가능했다는 건 말할 필요도 없지만, 그렇게 실현될 수 있었던 요인의 하나는 '꿈꾸었던 표현이 간단해서 누구나 납득하기 쉬웠다'라는 점이라고 확신한다.

간단하고 명확하게 말로 표현함으로써 스스로에게 그리고 주변의 협력자들에게도 무엇을 해야만 하는지가 확실하게 보였다. 말이 간단하고 명확하면 실현을 위해 필요한 것, 필요 없는 것을 구별하기 쉬워진다.

우선 스스로를 설득시키기 위한 간단한 말로 꿈을 표현해보자. 약간 시간이 걸릴 수도 있지만 납득이 가는 표현이 발견된 순간, 당신의 꿈은 실현을 향해 자연스럽게 속도를 붙여나가기 시작할 것이다.

100일의 질문

자신의 꿈을 알기 쉽게 표현할 수 있는가?

어떤 똑똑한 바보라도 일을 더 크고 복잡하게 만들 수 있다. 그러나
그 반대편으로 나아가기 위해서는 천재적인 감각과 많은 용기가 필요하다.

앨버트 아인슈타인 Albert Einstein

꿈을
선언한다

말한 것은 반드시 실행해야 한다는 '유언실행有言實行'이라는 말
이 있다. 말한 것을 그대로 실행하는 것을 넘어서 그 이상의 결
과로 달성해낸다는 의미도 포함하고 있다.

사실 아무 말 없이 묵묵히 결과를 이뤄내는 행위가 미덕으로
여겨져 왔던 것도 사실이다. 하지만 시대의 변화와 함께 가치
관도 서서히 변해가는지 유언실행이라는 말을 주변에서 자주
듣게 된다.

하지만 잘 되는 사람은 자신의 꿈을 주변에 밝히고 선언한다.
처음에는 웃음거리가 될 수도 있지만 정작 스스로는 진심을
다해 선언한다.

필자는 꿈을 이루는 방식에 대해 다양한 각도로 연구를 거듭
해왔고 어느 때는 "방해받을 수 있으니 꿈은 선언하지 않는 것

이 좋다"라고 메시지를 전한 적도 있다. 하지만 잘 되는 사람의 사고 방식을 연구해나가면서 '큰 성공을 거두는 사람은 자신의 꿈을 다른 이에게 말로 전하는 사람이 많다'는 사실을 알게 되었다.

아무 말 없이 묵묵히 걸어가는 사람은 그가 무엇을 하고 싶은지, 어디로 가고 싶은 것인지 알아차릴 수가 없다. 우리는 꿈을 선언함으로써 꿈을 향해 나아갈 수 있다. 잘 되는 사람은 남들의 비웃음을 알면서도 당당히 선언한다. 그럼으로써 무리 속에서 자신을 응원하는 사람들을 발견하고 협력자를 얻으며 그길을 나아가게 된다.

100일의 질문

당당하게 자신의 꿈을 선언하고 있는가?

우리가 꿈을 추구할 용기를 가진다면 우리의 모든 목표는 이루어질 수 있다.

월트 디즈니 Walt Disney

꿈을 실현하는 두근거림으로 매일을 살아간다

인간의 상상력은 가늠하지 못할 만큼 큰 힘을 가지고 있다.

'목적지에 도달했을 때는 어떤 느낌일까?'

'그때 보이는 경치는 어떤 모습일까?'

이처럼 목적 지점을 이미지로 떠올리며 두근거리는 마음으로 일상생활을 보내면 상상치 못할 신비로운 일이 일어나게 된다. 그것은 바로 꿈을 실현할 때 필요한 각 요소가 눈에 보이기 시작한다는 것이다.

인간의 뇌는 스스로가 원하는 바를 무의식에서 바라볼 수 있게 만들어져 있다.

예를 들면 '그 자동차가 갖고 싶어'라고 의식하면 거리에서 이상하게도 그 자동차가 자주 눈에 띈다. 다이어트에 관심을 갖고 있으면 다이어트 광고가 눈에 보인다. 이사를 염두에 두고 있을 때는 자신도 몰랐던 곳에 중개업소가 있다는 사실을 알게 된다.

마찬가지로 '나는 꼭 이렇게 될 거야'라고 결심하면 그 실현을 위해 필요한 요소가 자연스럽게 눈앞에 나타나게 된다.

잘 되는 사람은 항상 미래의 자신의 모습을 이미지화하며 마치 이미 그 꿈이 이루어진 것처럼 두근거리며 살아간다. 대부분은 "그렇게 해봤자 현실은 아닌데"라며 포기해버리지만, 잘 되는 사람은 지금 눈앞의 현실을 뛰어넘을 정도로 생생한 미래의 이미지를 음미하며 살아간다.

지금의 현실과 미래의 이상, 지금 이 순간 어느 곳에 초점을 맞추고 살아가는가에 따라 자신의 미래는 크게 달라진다.

다른 이의 꿈을
응원한다

098

"내가 뭘 하고 싶은지 모르겠어."

"꿈이라고는 하지만 어떻게 그리면 되는지 모르겠어."

이런 사람들이 적지 않다.

"꿈을 가질 수가 없어요"라며 괴로워하는 사람에게는 "그럼 다른 이의 꿈을 응원하시죠"라고 조언한다.

만일 지금 꿈을 찾을 수가 없어서 괴롭다면 꿈을 좇아가는 이를 도와주어 보라. 분명 스스로의 꿈을 발견하는 큰 실마리가 될 수 있다.

가까이에서 그를 응원하는 동안 "문득 내가 무엇을 하고 싶은지 찾아냈어요"라고 하는 사람이 적지 않다.

꿈을 가진 사람의 옆에 있는 것만으로도 당신의 마음속에 꿈을 가진 사람의 사고회로가 자연스럽게 들어와 자리 잡게 될

것이고 이윽고 진정 자신이 하고 싶었던 것을 찾을 수 있게
된다.

"나는 꿈이 없어"라고 포기하지 말고 적극적으로 다른 이의 꿈
을 응원해보자.

100일의 질문

다른 사람의 꿈을 응원하고 있는가?

당신의 꿈을 과소평가하는 사람들을 멀리하라.
소인배들은 항상 그런 태도를 취한다. 하지만 진실로 위대한 사람들은
당신도 위대해질 수 있다고 느끼게 해 준다.

마크 트웨인 Mark Twain

다른 이의 꿈이 될 수 있는 방식으로 살아간다

"요즘 젊은 사람은 꿈을 갖지 않아. 그게 정말 큰 문제야."

이렇게 말하는 어른들이 많다. 하지만 사실 '젊은이가 꿈을 갖지 않는 것이 문제'가 아니라 '꿈의 대상이 될 어른이 없는' 것이 진정한 문제다.

인간은 누군가를 동경함으로써 꿈을 갖게 된다. 우리가 어렸을 때는 경제도 좋았고 어른들은 활기에 넘쳐흘렀다.

하지만 활황의 거품이 꺼지고 나서 오랫동안 세계적으로도 그 유례가 없을 정도로 긴 불황에 빠져 버렸다. 결국 어른들은 자신감을 잃어버렸고 사고 방식도 말도 소극적으로 변해버렸다. 꿈을 잃어버린 어른들을 보면서 자라난 아이들에게 아무리 꿈을 가지라 해도 어떤 것을 꿈꿔야 할지 알 수 없다. 근본적인 원인은 우리 어른들에게 있다.

"하지만 주위가 절망적이니 스스로도 어두워질 수밖에 없지."

분명 맞는 말이다. 그렇지만 잘 되는 사람은 이렇게 사고한다.

'주위가 어두컴컴하니까 내가 불빛이 되어 주위를 밝혀야지.'

앞으로는 이렇게 사고하는, 즉 부와 성공을 끌어당기는 사람의 사고 방식을 가진 이의 존재가 중요하다. 어떤 일을 하더라도 어떤 입장에 처하더라도 멋진 사고 방식으로 살아가는 사람은 반드시 그 자리에서 빛을 발한다. 그 모습을 보며 다음 세대는 '저런 사람이 되고 싶다'며 꿈을 그릴 수 있게 된다.

지금부터, 바로 이곳에서 어떤 길을 선택할 것인가?

이 모든 것은 당신 자신의 사고 방식 단 하나로 결정된다.

100일의 질문

다음 세대에게 자랑할 수 있는 삶의 방식을 가지고 있는가?

올바른 모범을 보여주는 것은 무한한 자선보다 낫다.

니콜로 마키아벨리 Niccolò Machiavelli

끊임없이 성장한다

위인들이 발견한 진리 가운데 생성발전의 법칙이라는 것이 있다. 쉽게 말해 "이 세상의 모든 것은 계속 성장하게 되어 있다"는 것이 우리가 살아가는 세계 속의 진리이다.

근대시대에는 휴대전화가 없었다. 지금처럼 인터넷으로 필요한 정보를 모두 다 검색할 수 있는 세상이 올 거라고 그 누가 상상이나 했을까? 그렇지만 이런 발명은 갑자기 세상 속에 불쑥 나타난 것이 아니다. 이전 시대를 살아온 사람들이 만들어준 것을 사용하면서 그것을 발전시켜온 결과이다. 그리고 앞으로도 지금 시대에 만들어진 것 이상으로 더 많은 것이 등장할 것이다. 그렇게 생각하면 이 세상이 거듭 성장하고 있음을 이해하게 된다.

이 법칙은 우리 인간에게도 적용된다. 우리는 아무것도 할 수 없는 상태로 태어나 기어가는 법을 익히고 설 수 있는 방식을 터득하고 결국에는 홀로 걸을 수 있게 된다. 아무것도 할 수 없다가 가능한 일이 많아지는, 즉 성장의 기쁨을 느낄 수 있는 것도 생성발전 법칙의 증명이라 할 수 있다.

잘 되는 사람은 날마다 '내 인생은 더 좋아질 거야'라고 믿으며 끊임없이 성장해간다. 그의 사고 방식은 죽는 그 순간까지 거듭 성장해간다.

어제보다 오늘, 오늘보다 내일, 그리고 내일보다 모레로 거듭해가는 성장.

배움과 관점을 확대하며 도전을 거듭하면서 앞으로 나아가 보자.

사고 방식 하나로 인간은 한계를 모를 저 높은 곳까지 올라갈 수 있다.

100일의 질문

자신의 미래를 기대하고 있는가?

하나의 작은 꽃을 만드는 데도 오랜 세월의 노력이 필요하다.

윌리엄 블레이크 William Blake

맺으며

인생을 본질부터
바꾸기 위한 세 가지 핵심

끝까지 읽어주셔서 감사드린다.

여러 가지 감정으로 책을 읽어주셨을 것이다.

제시한 항목 가운데 "이건 가능한데", "이건 안 되네"라며 일희일

비했을 수도 있지만 그런 감정은 일단 한켠으로 치워두자.

이 책을 다 읽고 난 이제부터가 바로 시작이기 때문이다.

살아가는 동안 우리를 성장시켜주는 존재 세 가지가 있다.

그것은 '만남', '행동', 그리고 '반복'이다.

우리는 살아가면서 다양한 존재와 만나게 된다. 그것은 사람이기

도 하고 물건이기도 하고 다양한 어떤 것이기도 한데 그 가운데

는 '사고 방식'도 포함된다.

이 책을 통해 당신은 사고 방식과 만나게 되었다.

만남은 모든 것의 시작이다.

그러므로 지금을 시작 지점으로 삼아 잘 되는 사람의 사고 방식을 하나씩 익혀나가면 반드시 성장해갈 것이다.

그리고 두 번째는 행동.

조우하게 된 사고 방식을 당신 자신의 것으로 만들어나가기 위해서는 실생활에 실제로 적용해보는 것이 성장의 열쇠가 된다.

우리는 살아가는 동안 다양한 장면에 처하게 된다. 물론 좋은 일도 싫은 일도 있겠지만 그럴 때마다 '이럴 때 잘 되는 사람은 어떻게 사고했지?'라며 다시 책을 펴봄으로써 그 힌트를 찾아보았으면 한다.

그리고 세 번째는 반복.

이 책에서 '거듭해서 읽는 중요성'을 다루었다.

사고 방식은 단 한 번만으로는 몸에 익혀지지 않는다. 반복함으로써 사고가 강화되고 자신만의 방식이 되어 간다.

반복의 수단을 이 책의 마지막에 '부와 성공을 부르는 100일의 질문'을 체크 시트로 만들어 수록했다.

질문에 체크한 후, 날짜를 적고 각 항목을 1점으로 하여 총 점수를 매겨보자. 그리고 한 달, 혹은 두 달 주기로 체크 시트를 통해 점수를 확인하자. 100점에 가까울수록 인생이 풀리는 사고 회로에 더 가까이 다가간 것이다. 셀프 체크를 거듭할 때마다 스스로가 성장한다는 사실을 알게 될 것이다.

마지막으로 이 책을 통해 만나게 된 여러분들에게 진심으로 감사드리며 찬란한 미래를 위한 축사를 보낸다.

잘 되는 사람이 되는 첫걸음을 축하드린다.

그리고 이 책을 통해 만나게 되어 정말로 감사드린다.

직접 만나게 되었을 때 만일 이 책의 단 한 줄이라도 여러분에게 도움이 되었다면 그 내용을 들려주면 영광이겠다.

그런 날이 현실로 다가오기를 기대하겠다.

이 책의 단 한 줄이라도 여러분의 인생에 도움이 되기를.

그리고 무엇보다 앞으로 당신의 인생이 더욱 빛나기를.

2022년 봄의 방문이 느껴지는 사무실,
변함없이 활기차게 뛰어 돌아다니는 토이푸들 사이에서
나가마쓰 시게히사

100 WAYS OF
THINKING TO
MAKE YOU RICH

부와 성공을 부르는
100일의 질문

C H E C K   S H E E T

부와 성공을 부르는 100일의 질문

CHECK SHEET

| 100일의 질문 01 | 상식에 사로잡혀있지 않는가? | ☐ |

| 100일의 질문 02 | 원하는 것을 뒤로 미루지 않는가? | ☐ |

| 100일의 질문 03 | '다른 사람과 유사한' 방향으로 쉽사리 흘러가지 않는가? | |
| | | ☐ |

| 100일의 질문 04 | 자신에게 유리하게 사고하고 있는가? | ☐ |

| 100일의 질문 05 | 근거 없는 자신감을 가지고 있는가? | ☐ |

| 100일의 질문 06 | 고가의 물건을 선택할 때 죄악감을 느끼지 않는가? | ☐ |

| 100일의 질문 07 | 가능성이 낮은 것에 집착하지 않는가? | ☐ |

| 100일의 질문 08 | 이론이 아니라 감정에 초점을 맞추고 있는가? | ☐ |

| 100일의 질문 09 | '나라면 이렇게 할 텐데'라는 의견을 가지고 있는가? | ☐ |

| 100일의 질문 10 | 상대방의 입장에서 생각해보는 습관을 지니고 있는가? | |
| | | ☐ |

| 100일의 질문 11 | '누구나 할 수 있는데도 하지 않는 것'이 보이는가? | ☐ |

| 100일의 질문 12 | 주변의 반응에 집착하지 않는가? | ☐ |

| 100일의 질문 13 | '직감'을 소중하게 여기는가? | ☐ |

| 100일의 질문 14 | 주변의 의견이나 정보에 휘둘리지 않는가? | ☐ |

100일의 질문 15	자신을 짓누르는 쓸모없는 것을 버리고 있는가?	☐
100일의 질문 16	매사를 큰 관점으로 파악하고 있는가?	☐
100일의 질문 17	상황의 긍정적인 측면에 시선을 두고 있는가?	☐
100일의 질문 18	주변 사람이 아닌, 눈앞의 목표에 집중하고 있는가?	☐
100일의 질문 19	상대방의 영역에 발을 들여놓지 않는가?	☐
100일의 질문 20	주변의 시선을 그다지 의식하지 않는가?	☐
100일의 질문 21	자신에게 일어나는 일의 의미를 되짚어보는가?	☐
100일의 질문 22	과거가 아니라 멋진 미래에 초점을 맞추고 있는가?	☐
100일의 질문 23	어떤 일을 시작하기 전보다는 시작한 후에 더 많이 고민하는가?	☐
100일의 질문 24	주변 사람에게 의지하기보다는 혼자 무언가를 하려 하는가?	☐
100일의 질문 25	이제 스스로의 스토리가 시작되려 하는데 좌절하지 않고 있는가?	☐
100일의 질문 26	실패하고 나서 다시 일어서는 속도를 의식하고 있는가?	☐
100일의 질문 27	주변 사람을 활용하고 있는가?	☐
100일의 질문 28	계속 참고 살아간 미래가 보이는가?	☐
100일의 질문 29	호기심을 가지고 있는가?	☐
100일의 질문 30	어떤 일이 있어도 자신을 긍정해줄 존재가 있는가?	☐
100일의 질문 31	자기 자신에게 '고마움'을 전하고 있는가?	☐

100일의 질문 32	누구에게나 맞춰주려 노력하지 않는가?	☐
100일의 질문 33	자신이 좋아하는 것을 위해 시간을 쓰고 있는가?	☐
100일의 질문 34	선한 말이 지배하는 환경 속에 있는가?	☐
100일의 질문 35	필요 이상으로 자신을 책망하지 않는가?	☐
100일의 질문 36	자신을 폄하하지 않는가?	☐
100일의 질문 37	스스로의 토대를 확실하게 굳히는 데 노력하고 있는가?	
		☐
100일의 질문 38	삶의 보람이 되는 무언가를 지니고 있는가?	☐
100일의 질문 39	자신의 존재 방식을 확실한 말로 표현할 수 있는가?	☐
100일의 질문 40	자신의 좋은 점 100가지를 말할 수 있는가?	☐
100일의 질문 41	무리한 일정은 짜지 않으려 하는가?	☐
100일의 질문 42	다른 사람의 행복을 생각하고 있는가?	☐
100일의 질문 43	다른 이를 무대에 등장시킬 수 있는가?	☐
100일의 질문 44	다른 이의 예측을 뒤엎는 행동을 하는가?	☐
100일의 질문 45	상대에게 이익을 가져다주고 있는가?	☐
100일의 질문 46	호감 있는 태도로 상대방을 대하는가?	☐
100일의 질문 47	진심을 다하는 행위를 소중히 여기는가?	☐
100일의 질문 48	고개를 끄덕이며 상대방의 이야기를 듣고 있는가?	☐
100일의 질문 49	솔직하게 기쁨을 표현하고 있는가?	☐
100일의 질문 50	자신의 감정을 인식하고 있는가?	☐
100일의 질문 51	윗사람의 입장을 배려할 수 있는가?	☐

100일의 질문 52 도움을 주었던 사람에게 지금도 감사의 마음을 전하고
있는가? ☐

100일의 질문 53 다른 사람의 의견을 받아들일 수 있는 유연성을 가지고
있는가? ☐

100일의 질문 54 자신의 실패담을 웃으며 말할 수 있는가? ☐

100일의 질문 55 상대방의 직함에 압도되지 않는가? ☐

100일의 질문 56 주변 사람과 공유하고 있는가? ☐

100일의 질문 57 상처 주지 않을까 하는 두려움에 뒷걸음치지 않고 있는가?
☐

100일의 질문 58 주저하지 않고 다른 이를 도와주고 있는가? ☐

100일의 질문 59 한쪽의 의견만을 듣고 판단하지 않으려 하는가? ☐

100일의 질문 60 부정하는 버릇을 없애려 하는가? ☐

100일의 질문 61 긍정적인 표현을 쓰고 있는가? ☐

100일의 질문 62 스스로 운이 좋다고 생각하는가? ☐

100일의 질문 63 주변 사람들에게 따뜻한 말을 전하는가? ☐

100일의 질문 64 그 정보의 출처는 확실한지 파악하는가? ☐

100일의 질문 65 독서하는 습관을 가지고 있는가? ☐

100일의 질문 66 내용을 암기할 만큼 반복해서 읽은 책이 있는가? ☐

100일의 질문 67 도전정신을 중시하는가? ☐

100일의 질문 68 실패를 두려워하지 않고 계속 도전하고 있는가? ☐

100일의 질문 69 겉모습을 중요하다고 여기는가? ☐

100일의 질문 89 지금 아낌없이 힘을 쏟으며 최선을 다하고 있는가? ☐

100일의 질문 90 적절히 힘을 분배하고 있는가? ☐

100일의 질문 91 일에서 '더 나은 그 무엇'을 의식하고 있는가? ☐

100일의 질문 92 해야 할 일을 하나씩 착실하게 마무리하고 있는가? ☐

100일의 질문 93 어떤 일을 무리해서 실현시키려 하지 않는가? ☐

100일의 질문 94 자신의 가슴을 뛰게 할 꿈을 가지고 있는가? ☐

100일의 질문 95 자신의 꿈을 알기 쉽게 표현할 수 있는가? ☐

100일의 질문 96 당당하게 자신의 꿈을 선언하고 있는가? ☐

100일의 질문 97 이상적인 미래를 이미지로 그리고 있는가? ☐

100일의 질문 98 다른 사람의 꿈을 응원하고 있는가? ☐

100일의 질문 99 다음 세대에게 자랑할 수 있는 삶의 방식을 가지고 있는가?

☐

100일의 질문 100 자신의 미래를 기대하고 있는가? ☐

→ 체크한 항목의 숫자를 세고 각 1점으로 계산합니다

202 . . 합계 _____점

202 . . 합계 _____점

202 . . 합계 _____점

202 . . 합계 _____점

202 . . 합계 _____점

돈을 부르는 100가지 생각

초판 1쇄 인쇄일 2022년 12월 9일 • 초판 1쇄 발행일 2022년 12월 16일
지은이 나가마쓰 시게히사 • 옮긴이 박연정
펴낸곳 도서출판 예문 • 펴낸이 이주현
기획총괄 정도준 • 편집고문 윤희기 • 디자인 넥스트씨
등록번호 제307-2009-48호 • 등록일 1995년 3월 22일 • 전화 02-765-2306
팩스 02-765-9306 • 홈페이지 www. yemun. co. kr
주소 서울시 강북구 도봉로37길 28, 3층

ISBN 978-89-5659-459-0   03320